코로나19 이후 사회변동에 따른 종교 공간의 재구성

한국 개신교를 중심으로

KB191303

이상철 지음

코로나19 이후
사회변동에 따른
종교 공간의 재구성

한국 개신교를 중심으로

인터하우스

코로나19 이후 사회변동에 따른 종교 공간의 재구성
한국 개신교를 중심으로

지은이 ㅣ 이상철
펴낸이 ㅣ 조성길
펴낸곳 ㅣ 인터하우스
1판 인쇄 ㅣ 2024년 1월 2일
1판 발행 ㅣ 2024년 1월 7일
등록 ㅣ 제 2014-000135호
주소 ㅣ 서울시 마포구 잔다리로 35 서운빌딩 403호
전화 ㅣ 02-6015-0308
이메일 ㅣ kilhodos@naver.com
ISBN ㅣ 979-11-977620-4-8(93230)

* 저서는 2020년 대한민국 교육부와 한국연구재단의 지원을 받아 수행된 연구임
(2020S1A5B5A17089819)

차례

프롤로그

코로나19 이후
종교지리지

1

본서는 코로나19가 종식된 현시점에서 지난 시절을 복기하면서 팬데믹 이후 종교 공간을 가늠하고자 하는 목적으로 기획되었다. 코로나 팬데믹은 오늘의 세계와 사회를 돌아보고 성찰하게 하는 사건이었다. 종교분야도 예외는 아니었다. 팬데믹이 종결된 이후 포스트 코로나 시대를 대비하는 종교적 상상과 그에 따른 새로운 종교적 지평과 플랫폼을 마련해야 한다는 열망은 거스를 수 없는 대세가 되었다. 무엇이 우리로 하여금 종교적 대전환을 예감케 하는 것이고, 교회는 어떤 자세로 이 시기를 맞이하고 넘어가야 하는 것일까? 이런 생각이 드는 것은 나만은 아닐 것이다. 분명한 사실은 우리에게 지금보다 비상한 결단이 요청된다는 점이다.

이 책의 키워드는 '코로나19', '종교적 공간', '타자의 윤리'이다. 셋은 서로가 길항관계를 유지하면서 맞물린 채 삐걱거리면서 순환한다. 전통적으로 종교적 공간은 꽉 찬 밀도를 자랑했다. 팬데믹은 종교적 밀도를 낮추는 계기가 되었고 그 틈으로 그동안 보이지 않았던 타자들이 출몰해 우리 앞으로 등장했다. 기존의 종교가 타자를 은폐시키고, 타자에 대한 환대를 불가능하게 만들었던 공간이 아니었는지 의심이 가는 대목이다. 환대란 자리를 내어주는 것이고 타자들을 위한 장소를 허락하는 것이다. 종교적 진리는 물론 환대를 말하지만, 종교의 역사와 현실이 환대를 구현했는지 묻는다면 자신 있게 말하지 못하겠다. 코로나19는 '종교적인 것'이 과연 무엇인지를 나로 하여금 다시 묻고 생각하게 했다. 본서는 이러한 문제의식에서부터 출발했다.

내가 '코로나19 이후 종교적 공간'에 관심을 갖게 된 이유는 팬데믹으로 인한 사회적 거리두기가 시행되는 과정에서 한국종교계에 닥친 초유의 사태 때문이다. 대한민국의 종교가 멈추는 사건이 발생한 것이다. 한국 천주교는 236년 만에 처음으로 미사를 멈췄고, 한국 불교는 1600년 만에 산문을 폐쇄했다. 한국 개신교 역시 한국 전쟁통에도 그치지 않았다는 주일예배를 중단했다.

서구의 근대가 '주술로부터 해방되는 과정'이라고 했을 때 그것은 한마디로 종교적 권위로부터 벗어나 성인成人이 되고 세속화된 세상 속에서 종교의 의미를 물었던 것이라 할 수 있다. 한국은 해방 이래 정치-경제적으로 서구의 근대를 빠른 속도로 따라가 현재 아시아에서 가장 모범적인 민주주의국가라는 평가를 받고 있다. 경제적으로도 세계 10대 경제강국이라는 명성을 획득했다. 압축된 근대화 과정에서 한국종교는 급속히 변하는 세상에 적응하느라 힘들어하는 한국의 민중들에게 위로와 위안을 주는 안식처 역할을 담당했다. 하지만 한국 종교는 근대화 과정에서 세속화되고 비종교화된 세상 속에서 종교의 역할과 위치에 대해 진지하게 물었던 경험이 없었다.

한국 사회는 종교 이외의 영역에서는 빠르게 근대화가 진행되었으나, 종교적 의식과 종교 공간에 대한 인식은 기복적이고 주술적인 면에 고착되어 있었던 것이 사실이다. 그런데 코로나19가 그동안의 종교적 관행을 허물고 종교의 미래와 방향에 대해 질문을 던지고 있는 것이다. 어쩌면 우리는 팬데믹을 거치면서 처음으로 종교란 무엇인지, 종교적 감수성과 수행성은 무엇인지에 대해 묻는 세속화의 단계로 진입한 것인지 모르겠다. 미래에도 종교가 지속 가능한가? 그렇다면 미래의 종교는 어떤 종교적 공간 안에 있을까?

2

코로나19는 대타자로서 존재했던 종교적 공간의 균열을 드러냈고, 그 틈을 통해 다양한 종교적 상상이 가능하리라는 사실을 알렸다. 예배의 요소들과 종교적 의사소통의 방법에 있어서 새로운 시각이 요청되기도 했다. 이러한 발언들은 팬데믹 이전에는 불경스러운 것들이었다. 하지만 무너질 것 같지 않았던 종교의 권위가 팬데믹의 창궐로 흔들리면서 그동안 유지되었던 종교적 봉인이 해제되기 시작했다.

팬데믹으로 불거진 새로운 종교 공간에 대한 상상은 그에 걸맞는 행동 양식을 요구한다. 나는 그것을 종교 공간의 변화에 따른 새로운 종교적 수행성의 등장이라 말하고 싶다. 코로나19 이후 종교는 동일성의 원칙에 의거해 정체성을 확인하고 강화하던 종교적 관성에서 벗어나야 한다. 차이와 다름이 섬김을 받고 적용되는 종교 공간으로 전환돼야 하고, 그에 따른 윤리 또한 동반되어야 한다. 세상은 코로나19를 계기로 그 이전과 이후가 분명히 다르기 때문이다.

이 책은 코로나19 이후 종교 공간에 대한 입체적 접근을 시도한다. 종교현상학적 접근, 종교사회학적 접근, 윤리적·선교적 접근이 그것이다. 이를 통해 나는 종교적 공간이 신앙인들에게만 국한된 공간이 아니라는 점을 강조하고자 한다. 종교적 공간이 사회변동의 요소를 흡수함은 성聖과 속俗이 분리된 것이 아니라 상호의존성 혹은 상호관련성이 있다는 점을 함의한다. 그것은 사회변화와 종교 간의 관계가 체제통합적인 것이 아니라 상호 역동적인 관계임을 드러낸다. 이런 이유로 인해 사회변동에 따른 종교 공간의 변화는 새로운 종교적, 그리고 윤리적 행위를 가능케 하는 지점이자 기회로 치환된다.

종교적 상징체계는 종단간 차이가 있겠지만 기본적으로 성聖과 속俗을 식별하는 공간적 분할로부터 시작된다. 종교적 성소聖所, 즉 거룩한 장소는 세속공간과의 구별짓기, 그리고 거리두기를 통해 그만의 존재감을 담보할 수 있었다. 종교적 공간은 성과 속을 나누는 강력한 준거로 인해 존재하는 것처럼 보이지만, 동시대 사회 속에서 발생하는 사건과 그 과정에서 얽히는 다종의 사회적 주체 간의 상호작용을 통해 조성되는 공간이기도 하다. 이는 르페브르Henri Lefèbvre가 말하는 '사회적 공간이론'과 연결된다.

일찍이 르페브르는 "각각의 사회는 저마다의 공간을 생산한다"[1]는 말을 남겼다. 르페브르의 공간론은 토대와 상부구조로 이루어진 엄격한 마르크스주의적 역사 구분을 극복하기 위한 전략이었다. 각각의 생산양식은 생산수단의 소유 관계에 의해 규정된다. 여기까지는 기존 마르크스주의와 동일하다. 르페브르는 한 발짝 더 나아가 생산양식의 변혁이 기존의 공간 질서의 전복과 새로운 공간 관계의 창출 없이 이루어질 수 없음을 주장했다.

르페브르의 공간학은 코로나19 이후 새로운 종교 공간을 모색하는 나에게 성찰의 시간을 제공했다. 기존 종교 공간에 대한 연구가 동일성의 원칙에 입각해 사회통합과 갈등봉합의 도구로서의 역할에만 집중했다면, 본 연구는 그것에서 탈피해 기존의 종교적 공간이 특별한 계기를 거쳐 어떻게 새로운 종교적 공간으로 전환될 수 있는지에 주목한다. 사회적 변동과 긴장의 중핵을 종교 공간 외부에 존재하는 것으로 상정하고, 종교 공간 안으로 포섭해 순화시키는 것이 아니라, 오히려 그것들을 종교 공간을 새롭게 정초하고 구성하는 요인으로 인정하면서 새로

---

1 르페브르/양영란 옮김, 『공간의 생산』(서울 에코리브르, 2011), 77.

운 종교 공간을 어떻게 함께 만들지에 본서는 관심을 기울인다.

3

이러한 취지 아래 본문을 네 꼭지로 구성했다. 각각의 장은 종교현상학, 종교사회학, 윤리학, 선교학의 주제로 서로 다르게 시작되지만, 코로나19 공간이라는 소실점으로 모인다는 점에서 따로 또 같이 연주되는 협주곡과도 같다.

I장은 '팬데믹 시대 종교현상학: 코로나19 이후 새롭게 전개되는 종교 공간에 대한 리뷰'이다. 전반부는 코로나19 시대 종교 공간을 되돌아보고, 후반부는 팬데믹 공간에서 종교의 조건들을 다룬다. 전자는 코로나19 시대 한국 개신교인의 인식 조사를 토대로 한다. 개신교 종교 공간이 팬데믹을 계기로 어떻게 변화되었는지 살펴면서 비종교사회의 도래, 종교적 아우라의 파괴, 예배의 재구성을 팬데믹 이후 도래한 종교 공간의 재구성이라 요약했다. 종교현상학적인 분석을 마친 후 팬데믹 공간에서 펼쳐지는 종교의 조건들로 세속화와 공존, 반지성주의 극복, 타자성 옹호를 언급할 것이다.

II장은 '팬데믹 시대 종교사회학: 코로나19 이후 전개되는 시민성에 대한 한 고찰'이라는 제목으로 코로나19 시대 시민성의 계보학과 지형학을 조망한다. 글의 초반은 서구 근대사회 시민성의 역사를 따라가며 한국 개신교 시민성 연구를 위한 전이해적 성격을 띤다. 본론에서는 코로나19 이후 방역을 둘러싸고 벌어졌던 국가주의 도래에 대한 찬반 논쟁을 소개하고, 그 과정에서 불거진 공동체주의와 개인주의 사이의 갈등을 논할 것이다. 본문 후반부에서는 팬데믹 이후 실시한 공동체와 개인, 개인윤리와 공동체 윤리 관련 통계를 분석하면서 한국 개신교의 시민성 추이를 분석할 것이다. 이러한 과정을 거치면서 최종적으로 한국 개신교의 시민성에 대해 윤리적으로 성찰하고자 한다.

Ⅲ장은 '팬데믹 공간에서의 윤리학: 혐오 극복의 윤리학'이다. 코로나19를 통해 드러난 타자에 대한 배제와 혐오는 국내·외적으로 심각한 사회문제로 부상했다. 그것은 북미에서는 아시안 혐오의 형태로 나타났고, 국내에서는 중국인 혐오, 신천지 혐오, 동성애자 혐오로 나타났다. 본고는 코로나19 시대 등장한 혐오 현상을 극복하기 위한 윤리를 모색한다. 전반부에서 코로나19 이후 미국과 한국 사회에서 등장했던 혐오 사태들을 분석하고, 후반부에서는 혐오와 폭력에 맞서는 타자윤리에 대해 깊이 있는 안목을 선사한 유대계 철학자 레비나스Emmanuel Levinas와 기독교 신학자 본회퍼Dietrich Bonhoeffer를 초대할 것이다.

코로나19는 소멸 단계로 접어들었으나 비슷한 유형의 인수감염병 zoonoses은 앞으로도 주기적으로 도래해 인간에게 위협을 가할 것이다. 그때마다 코로나19가 창궐했을 때처럼 배제와 혐오의 구호와 행위가 사회 전체로 확산되면서 인류는 혼란에 빠질 확률이 높다. 공동체가 재앙과 참사와 전쟁으로 위기에 빠질 때 문제를 회피하면서 누군가를 희생양 삼아 현실을 봉합하려 한 권력의 오래된 나쁜 관행에 대해 본서에서 말하는 '혐오 극복의 윤리학'이 정면으로 맞서는 장치가 되기를 바란다.

　IV장은 '팬데믹 공간에서의 선교학: '하나님의 선교'에서 "주변부로부터의 선교"'로 이름 붙였다. 이데올로기 시대가 저물면서 거대서사가 아닌 미시서사(작은 이야기들)의 발견이 중요한 가치와 이슈로 부각되었고, 새로운 담론형성과 신학운동의 방향이 되었다. 그리하여 타자, 소수자, 생태, 비인간존재에 대한 관심과 배려의 문화가 등장했는데 이는 그동안 거대한 대타자의 목소리에 가려 들리지 않았던 각각의 주체와 대상들을 채굴하는 행위이다. 이런 이유로 세계 교회는 주체가 아닌 타자, 중심이 아닌 변방, 차이와 다름을 있는 그대로 섬기는 신학적, 선교적 패러다임의 전환을 요청받고 있다. '주변부로부터의 선교' 개념은 시대변화에 부응하는 신학적 대응이다.

　2022년 제11차 세계교회협의회WCC에서 등장한 '마음의 에큐메니즘'은 '주변부로부터의 선교' 개념에서 파생한 것이다. WCC는 제11차 총회 주제를 '그리스도의 사랑이 세상을 화해와 일치로 이끄신다'로 정하면서 '사랑'을 최초로 총회 주제어로 선정했다. 코로나19로 깨어지고 파편화된 개개인의 마음을 다독이고 모을 수 있는 말로 '사랑'을 선택했다는 것은 많은 것을 함의한다. 그리스도의 사랑의 언어만이 성서 앞에 놓여있는 다양한 존재들의 아픔(계급, 젠더, 인종, 장애, 난민, 소수자 인권 ……)을 감싸 안을 수 있다. 치유와 용서, 화해와 일치가 개개인들의 실존과 마음의 차원에서 작동하도록 에큐메니칼 운동이 변화해야 한다고 세계 교회는 증언하고 있고, 그 끝에 '마음의 에큐메니즘'이 있다.

4

이 책이 시종일관 주장하는 바는 팬데믹의 도래 후 변화하는 종교적 상황 속에서 그에 걸맞은 새로운 개신교 종교 공간을 창출해야 한다는 것이다. 일부 한국 교회가 저지르고 있는 일탈적·극우적 경향은 종교를 조롱거리로 만들었고, 심지어 혐오와 폭력을 조장하는 사회악으로 발전할 기세이다. 한국 개신교 안에 팽배한 반지성적·기복적 신앙이 완고한 수직적 위계와 권위의 구조를 용인했고, 세월이 흐르면서 내부적으로는 고착화되고 외부적으로는 게토화된 종교 공간을 조성했다. 세상과 불화하고 불통하는 종교로 거듭난 것이다. 그것이 전광훈과 신천지로 대표되는 괴물이 등장한 원인이라고 한다면 너무나 지나친 해석일까.

특별히 개신교에 초점을 맞춘 이유는 교회가 사회를 걱정하는 것이 아닌, 사회가 한국 교회를 걱정하는 현실 속에서 코로나19가 한국 교회 갱신의 계기가 될 수 있으리라는 기대이다. 종교적 위계와 권위의 문제는 그것이 작동하는 공간과 관련이 있다. 종교적 공간은 제의Ritual가 일어나는 장소이고, 교회가 지니는 권위의 출처는 예배가 이루어지는 공간으로부터 비롯된다. 예배가 드려지는 공간과 시간 안으로 모든 종교적 에너지가 집중되기에 그렇다. 그런데 코로나19로 인한 예배의 중단과 해체가 기존 교회 공간과 그 공간을 중심으로 배열되는 체제에 균열과 불화를 초래했다. 그 결과 기존 교회의 통합 방식을 교란시키는 현상들이 벌어지고 있다.

　　이 책은 바로 이 지점을 주목한다. 코로나19의 창궐로 기인한 종교 공간의 변화가 한국 개신교의 세속화와 비종교화를 가속화시켜 새로운 종교 지형을 형성할 것이다. 나는 이 기간이 한국 개신교의 변혁과 개혁을 촉진하는 계기가 되리라는 희망 섞인 예상을 한다. 역사는 시대의 전환기마다 힘차게 도약했던 자들이 세계와 교회를 갱신해왔음을 증언한다. 코로나 팬데믹은 분명히 위기적 상황이었지만, 어쩌면 더 큰 파국을 예고하고 막기 위한 신의 메시지가 아니었는가 하는 생각도 든다. 입으로 말만 하고 실천으로 옮기지 않았던, 사회변화에 따른 선교적 비전에 대한 논의들이 코로나19를 계기로 우리에게 긴박하고 간절한 문제로 다가왔기 때문이다. 이 책이 코로나19 이후 한국 종교, 특별히 한국 개신교의 새로운 공간 창출을 위한 유쾌한 상상의 마중물이 되기를 바라며 항해를 시작한다.

2023년 12월 31일
이상철

I

팬데믹 시대 종교현상학:
'코로나19' 이후 새롭게 전개되는 종교 공간

"폭풍은 지나가고 인류는 살아남겠지만 우리는 다른 세상에 살 것이다."*

* Yuval Noah Harari, *Financial Times*(2020. 03. 20), "The world after coronavirus," https//www.ft.com/content/19d90308-6858-11ea-a3c9-1fe6fedcca75(최종검색일 2023.12.31).

1. 들어가는 말

코로나 팬데믹은 2020년부터 2022년까지 3년을 기억하는 유일한 사건이고 단 하나의 기록이 되었다. 코로나 기간 동안 각 분야에서 코로나19를 둘러싼 진단과 예측이 이루어졌지만 뾰족한 새로운 대책과 청사진이 보이지는 않는다. 개신교계에서도 코로나19 이후 세계와 교회에 대한 모색이 활발했다. 특별히 주목을 받았던 움직임이 있었는데, 그것이 바로 크리스찬아카데미와 한국교회협의회NCCK가 공동으로 2020년 9월부터 2021년 5월까지 '코로나19 이후 한국 사회와 교회'라는 제목으로 기획한 한국 교회 코로나 고백 문서 작성 프로젝트이다.[2]

---

2 상세 내용은 아래 주소로 들어가면 확인할 수 있다. http//www.daemuna.or.kr/ko/node/15624. 토론회 발표문은 『바이러스, 팬데믹 그리고 교회』(서울 대화출판사, 2022. 12. 31)라는 제목으로 엮어져 출판되었다. 코로나 고백문서는 제71차 NCCK 정기총회(2022. 11. 21)에서 '코로나19 팬데믹의 경험을 통해서 본 교회와 사회의 현재와 미래'라는 공식

토론회를 거듭하면서 우리는 그동안 미루어 왔던 한국 교회의 갱신이 코로나19로 인해 '도적과도 같이 도래한 것은 아닐까'라는 생각을 했다.

　나는 본고에서 코로나19를 둘러싼 종교현상학적 분석을 시도한 후에 그에 따른 믿음의 변화, 그에 걸맞는 종교적 방향 모색을 도모할 것이다. 종교현상학적 분석은 코로나19를 대하는 한국 개신교인의 인식조사와 근래에 진행된 개신교인 신앙양태 관련 인식조사를 토대로 한다. 그 결과를 추적하면서 개신교인의 신앙 패턴 변화가 코로나19를 계기로 속도를 내어 확연히 다른 지평으로 옮겨가고 있다는 사실을 주지할 것이다. 코로나19로 인해 변화된 우리 삶과 의식은 믿음의 형태와 방식에 대한 물음으로 이어지고, 이는 결국 종교적·윤리적 행동과 선택에 대한 새로운 결단을 우리에게 요구하고 있다.

2. 코로나19시대 종교 공간 리뷰

1) 비종교사회의 도래

　코로나19 이후 현장 예배 중단과 비대면 예배를 둘러싼 개신교인

문서로 채택되었다. 교회고백 문서는 펜데믹으로 인한 성찰과 사회와 교회에 대한 전망, 과제, 대안 등을 거시적으로 담은 신학문서로 모두 158개 고백이 담겨있다. 『바이러스, 팬데믹 그리고 교회』 전반부에(19~97쪽) 문서가 수록되어 있다.

인식조사가 몇 차례 시기별로 진행되었고, 그 변화 추이를 통해 한국개신교의 현재와 미래를 진단하고 예단하는 것이 이 장의 목적이다.

코로나19 개신교인 인식조사

제일 먼저 발표된 개신교인을 상대로 한 인식조사는 한국기독교목회자협의회와 한국기독교언론포럼이 2020년 2월 24~25일 남녀 개신교인 500명을 대상으로 한 긴급 여론조사 결과이다. 조사가 이루어졌던 시기는 2월 18일 31번 확진자(신천지 교인)가 등장하고 코로나19 확진자가 가파르게 증가하던 시기였다. 개신교인들은 '코로나19 확산으로 인한 주일 대예배 중단' 찬반 여부를 묻는 질문에 응답자의 71%가 찬성했다. 반대는 24%에 그쳤고, '잘 모르겠다'는 응답은 6%였다. 전체 응답자의 65%가 코로나19는 '단순한 전염병일 뿐이다'고 답했고, 일부 극우적 성향의 목사들의 발언에서 나오는 '기독교를 박해하는 중국 정부에 대한 하나님의 징계'란 답은 7%에 그쳤다. '인간의 탐욕을 반성하고 나의 죄, 우리의 죄를 회개해 성찰할 기회'라는 답은 28%로 나왔다.[3]

3월 한 달 동안 보인 대면 예배 감소 추세는 4월 12일 부활절에 붕괴되는 현상으로 나타났다. 종려주일 4월 5일 예배가 34.5%였던 데 비해, 부활절이던 4월 12일에는 59.7%가 현장예배를 드린 것으로 조사되었다.[4] 시간이 갈수록 완화되는 경향이 있지만 그럼에도 불구하고

---

3 도재기, 『경향신문』(2010. 02. 27), 「주일예배 중단, 개신교인 71%가 찬성, '한목협' 등 여론조사 결과」. http//news.khan.co.kr/kh_news/khan_art_view.html?artid=20200227 1755001&code=960100(최종검색일 2023. 12. 31)

코로나19로 인해 공예배 참여와 주일성수에 대한 불문율이 깨어진 것은 한국개신교 역사에서 유일무이한 기록이라 할 수 있다.

한국기독교목회자협의회와 한국기독교언론포럼이 지앤컴리서치에 의뢰해(조사기간: 2020년 4월 2~4월 6일/조사대상: 전국 만 18세 이상 남녀 개신교인 1000명) 〈코로나 9로 인한 한국교회 영향도 조사〉를 진행했다.[5] '주일 현장예배 중단'을 묻는 항목에서 '잘 한 일이다'라는 응답이 87.8%로 압도적으로 높게 나타났으며, '모르겠다'는 응답이 8.2%, '잘 못한 일이다'라는 응답은 4%로 조사되었다. 2월말 조사보다 주일 현장예배 중단에 대한 긍정지수가 17.8% 증가했음을 확인할 수 있다.

〈표 1〉 주일 현장예배 중단에 대한 의견

코로나19를 전제하지 않고 '일반적 상황에서 주일예배의 온라인

4 김지원, UPI뉴스(2020. 04. 14), 「현장 예배 언제 재개하나 …… 교회 고심 깊어져」. http//www.upinews.kr/newsView/upi202004140109(최종검색일 2023. 12. 31).
5 최경배, CBS노컷뉴스(2020. 04. 10), 「코로나19 사태 개신교인들의 인식 변화」. https//www.nocutnews.co.kr/news/5325917(최종검색일 2023. 12. 31).

예배화에 대한 의견'을 물었다. 전체 응답자의 54%가 '온라인 예배 또는 가정 예배로도 대체할 수 있다'고 답했고, 40.7%는 '주일예배는 반드시 교회에서 드려야 한다'고 응답했다. '주일성수에 대한 의견'도 물었는데, 42% 응답자가 '주일에 교회에 가서 예배드려야 한다는 생각이 더 간절해졌다'는 의견을 피력했고, 22.9%의 응답자가 '주일에 꼭 교회에 가서 예배를 드리지 않아도 된다는 생각을 하게 됐다'고 답했다. 코로나19로 인한 비대면 예배의 확산이 일시적인 현상인지 아니면 예배에 대한 근본적인 변화와 혁신까지 나아갈 것인지에 대해서는 아직 섣부르게 판단할 수 없지만, 교인들의 예배에 대한 그동안의 굳어진 생각이 변화하고 있는 것은 확실하다.

'코로나 사태를 겪으면서 한국 교회가 관심을 가져야 할 주제'로는 '실생활에서의 신앙 실천으로 의식 전환(24.3%)', '예배의 본질 정립 (21.9%)', '교회의 공적인 사회적 역할(21.4%)' 등이 제시되었다. 비교적 다양한 의견이 고루 분포된 셈인데, 교회의 공적 역할, 구체적 신앙 실천 등의 항목이 부각된 점이 눈에 띈다. 코로나19가 교회의 대사회적 관계와 역할을 숙고하게 하는 성찰의 기회를 제공하고 있다는 점에서 긍정적 요소가 아닐까 싶다. 코로나19를 통해 교회의 사회적 역할에 대해 전체 교회가 주목하고 있다는 점에서 한국 교회는 비종교사회 속에서 교회의 위상을 묻는 최초의 단계로 진입한 것이 아닌지, 라는 생각이 든다.

한국개신교의 비종교화
근대 이후 서구사회는 비종교 사회 속에서 종의 개념과 의미를 물었다. 막스 베버는 근대를 요약하면서 '주술로부터 해방되는 시기'[6]라고 정의한 바 있다. 더 이상 진리는 선하지 않고, 선한 것이 아름답지도 않으며, 아름다운 것이 반드시 진리이지도 않다. 고·중세 시절 신의 질서와 원리에 의해 하나로 이어졌던 세계의 총체성은 근대의 도래와 더불어 허물어졌고, 진리의 원환성을 담보했던 종교 영역은 이전의 권위를 회복할 수 없게 되었다. 그것이 근대성의 운명이라고 베버는 평가했던 것이다.

한국교회가 비종교사회로 진입하고 있는 조짐은 한국기독교사회문제연구원에서 실시한 〈2019년 주요 사회 현안에 대한 개신교인 인식조사〉에서도 확인된 바 있다.[7] 특별히 비종교화와 관련된 설문으로 개신교인 1000명에서 타종교의 진리관과 '교회 밖 구원'에 대해 물었는데 결과는 다음과 같았다.

6 Max Weber, *Wissenschaft als Beruf*, 전성우 옮김, 『직업으로서의 학문』(서울 나남출판, 2013), 88.
7 크리스챤아카데미와 한국기독교사회문제연구원이 '2019년 사회 현안에 대한 개신교인 인식조사'를 실시했다. 한국 사회의 주요 현안을 정치, 경제, 통일과 평화, 젠더, 생태위기, 신앙의 6가지 영역으로 나누어 통계연구를 진행했고, 그 결과와 분석이 『기독교사상』(2019년 11월호)에 게재되었다. 필자는 정치분야 담당 연구원으로 참여했다.

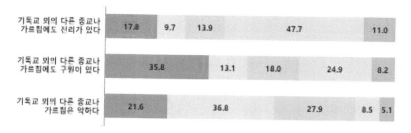

legend: ■ 전혀 동의하지 않는 편이다 ■ 동의하지 않는 편이다 ■ 잘 모르겠다 ■ 동의하는 편이다 ■ 매우 동의한다

설명	전혀 동의하지 않는 편이다	동의하지 않는 편이다	잘 모르겠다	동의하는 편이다	매우 동의한다
기독교 외의 다른 종교나 가르침에도 진리가 있다	17.8	9.7	13.9	47.7	11.0
기독교 외의 다른 종교나 가르침에도 구원이 있다	35.8	13.1	18.0	24.9	8.2
기독교 외의 다른 종교나 가르침은 악하다	21.6	36.8	27.9	8.5	5.1

〈표 2〉 종교 관련 각 설명에 대한 의견(개신교인 대상)

위의 표에 의하면, '기독교 외의 다른 종교나 가르침에도 진리가 있다'에 '그렇다(58.7%)'라고 응답한 비율이 가장 높은 것으로 나타났다. 반면 '기독교 외의 다른 종교나 가르침에도 구원이 있다'에는 '그렇지 않다'라고 응답한 비율이 48.9%로 가장 높았다. 또한, '기독교 외의 다른 종교나 가르침은 악하다'에 '그렇지 않다'라고 응답한 비율이 58.4%였다. 즉, 전반적으로 2019년 개신교인은 다른 종교나 가르침에도 진리가 있음을 인정한다. 구원관에 있어서도 교회 밖 구원에 대해 48.9%가 부정적으로 대답했으나, 33.1%라는 만만치 않은 개신교인이 교회 밖 구원의 가능성에 대해 열린 마음을 갖고 있다.

그와 비슷한 질문은 1982년도에도 물은 바 있었다. 다른 종교에 대한 설문에서 '모든 종교는 기독교와 같은 진리'(8.8%), '기독교가 가장 우월'(25%), '기독교 진리만이 참 진리'(62. 6%)로 나타난바 있다.[8] 종합하면, 37년 전 배타주의exclusivism적 개신교에 비해, 2019년 한국 개신교는 타종교에 대한 부분, '교회 밖 구원'에 있어 다원주의까지는 아니지만 포괄주의inclusivism로 넘어갔음을 느낄 수 있는 대목이다.[9]

요약하면, 한국개신교도들은 근본주의에서 벗어나 포괄주의로 신앙 형태가 전환되었고, 그 경향은 코로나19를 지나가면서 한층 더 가속도를 낼 것이 분명하다. 그렇다면, 비종교사회로 접어든 한국사회에서 포괄주의적인 신앙을 갖고 산다는 것은 어떤 함의를 지니는가. 이 질문은 결론적으로 종교적 행위에 대한 물음으로 연결되는데, 그것은 본고 후반부 종교의 조건들에 대한 부분을 다룰 때 언급하기로 한다. 이어지는 내용은 비대면 예배로의 전환에 따른 주일예배 붕괴, 그와 연관된 종교현상학의 구체적 내용이다. 이는 자연스럽게 예배의 미래 혹은 미래의 예배에 대한 화두로 연결된다.

2) 종교적 아우라의 파괴

코로나19는 교회의 정체성을 생성, 유지, 발전, 보존하는데 중핵이라 할 수 있는 대면예배를 정지시키고, 비대면 온라인예배 시대 개막을 알렸다. 주일 11시에 나의 몸이 참여하면서 드렸던 하나의 예배, 한 분

---

8 한국기독교사회문제연구원 편, 『한국교회 100년 종합조사연구 보고서』(서울 한국기독교사회문제연구원, 1982), 80.
9 "그리스도교 중심의 종교관이나 배타적 진리 주장이 더 이상 설득력과 현실성을 지니지 못하게 됨에 따라, 그리스도교 신학자들은 타종교들의 진리를 어떻게 볼 것인가라는 문제를 놓고 흔히 배타주의exclusivism, 포용주의inclusivism, 다원주의pluralism라는 세 입장으로 정리한다." ― 길희성, 『신앙과 이성 사이에서』(서울 세창출판사, 2015), 153.

의 목사님에 의해 전달되던 복음은 다중의 교회와 여러 목사들에 의해 교인들 앞에 선택적으로 주어지고 있고, 교인들은 그 사이를 유랑하며 자신의 취향에 맞는 예배와 복음을 취사선택 할 수 있게 되었다. 이러한 변화의 조짐은 '코로나19 이후 교회가 강화해야 할 사항'을 묻는 인식조사에서도 감지되었다. 개신교인들은 '온라인 시스템 구축/온라인 컨텐츠 개발(46.9%)'을 1위로 꼽았고, 목사님의 설교는 5.3%에 불과했다.

신도들 앞에서 많은 예배들과 목사들이 서로 경쟁을 하고 있는 셈인데, 아마도 이것이 개신교 목사들에게는 가장 큰 위기감이 아닐까 싶다. 당신들이 면대면 하면서 던지는 메시지보다 인터넷 공간, 비대면 공간에서 떠다니는 익명의 목사들과 메시지가 더 위력적이다, 라는 공포가 현실의 목사들에게는 있다. 이러한 현상을 벤야민 표현을 빌어 요약하면 "아우라의 파괴decay of the aura"10라고 말할 수 있다.

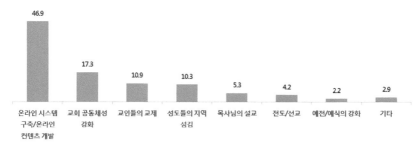

〈표 3〉 코로나19 이후 교회가 강화해야 할 사항

10 Walter Benjamin, *Illuminations* (New York Schocken Books, 1968), 222.

'아우라의 파괴'는 본래 벤야민이 「기술복제시대의 예술작품」이라는 글에서 테크놀로지의 발달이 전통 미학이론을 전복시킬 것임을 예감하면서 사용한 용어이다. 여기서 말하는 테크놀로지는 구체적으로 벤야민 당시 사진술인데, 사진이 발달하면서 원본(원형Original)에 대한 아우라에 훼손이 생겼다는 것이다. 사진이 등장하면서 원본의 권위는 추락하기 시작했고, 원본과 사본 사이 관계의 혼돈을 추구하는 것이 현대예술의 쟁점으로 부각되었다. 급기야는 원본이 지니는 영기靈氣의 해체가 현대 미학론의 주된 흐름으로 등장했는데, 벤야민은 그것을 '아우라의 파괴'라 불렀다.

　나는 '아우라의 파괴'가 비대면 온라인 예배에 대한 종교현상학적 분석의 핵심이라 생각한다. 왜냐하면 온라인 예배의 등장이 교회가 갖고 있었던 전통적인 믿음의 체계와 은혜의 방식을 교란하기 때문이고, 그것은 결국 예배가 담보했던 영기의 파괴로 이어질 수 있기 때문이다. 이러한 상황 속에서 우리는 어떻게 다시 예배를 바라보아야 할 것인가?

3) 예배의 재구성

종교적 공간의 초텍스트성과 쌍방향성

　예배학자 베르거가 쓴 『예배, 디지털 세상을 만나다』[11]는 예배에 대한 동일한 고민을 하는 모든 신앙인에게 예배의 근본부터 다시 생각

---

11 Teresa Berger, *Worship Liturgical Practices in Digital Worlds*. 안선회 옮김, 『예배, 디지털 세상을 만나다』(서울 기독교문서선교회, 2020)

하라고 권면한다. 코로나19를 계기로 온라인 예배와 전통적 예배 사이 경계가 부각되고, 디지털 시대 예배 변화에 대해 진지하게 모색해야 하는 과제가 우리들에게 주어졌는데, 테레사 베르거는 온라인 예배의 특성을 초텍스트성과 쌍방향성으로 요약한다 "온라인 예배의 리조매틱하고 초趨텍스트적인 성격은 디지털의 멀티미디어성에 의해 강화된다. …… 멀티미디어성은 그것이 갖는 거의 즉각적이고 쌍방향적이며 깊이 몰입하게 하는 가능성이라는 점에서 선례가 없는 것이다."12

예배의 초텍스트성에서 '초趨-'에 해당하는 영어는 'transcenden-tal'이다. '…… 을 넘어가다, 초월하다, 범위를 벗어나다'의 뜻이 있다. 그렇다면 초텍스트성이라는 말에는 어떤 함의가 내포되어 있을까. 예배를 구성하는 텍스트는 예배공간, 시간, 예배자 등이라 할 수 있을 텐데, 그동안 우리는 동일한 예배공간과 시간, 그리고 동일한 설교자가 제공하는 예배의 매뉴얼에 익숙해있었다. 서로 자라온 배경이 다르고, 입장과 처지가 다르지만 우리는 예배가 제공하는 단일한 텍스트성 안에서 신의 이름으로 모이고 찬양하고 말씀 듣고 은혜를 받았다. 그런 관습과 수행이 예배의 예배됨을 규정했던 필수요소였는지 모르겠다. 하지만 지금까지 아무런 저항과 반감없이 받아들여졌던 예배의 텍스트성이 온라인 예배에서는 깨진다는 것이다.

그런 의미에서 온라인 예배의 초텍스트성이 쌍방향적 특성을 지닌

12 앞의 책, 269.

다는 테레사 베르거 주장은 타당하다. 단일한 텍스트성을 기반으로 드려지는 예배는 기본적으로 수직적, 일방적, 수동적일 수밖에 없는 구조를 지닐 수밖에 없다. 그동안 예배 참여자의 다름과 차이는 예배라는 텍스트성에서 하나가 되었다. 하지만 그 '하나'가 디지털 공간 속에 들어오면 개별과 이념들과 욕망들로 분유된다. 개별자들을 단일하게 묶었던 전통 예배의 영기는 디지털 공간에서는 달리 이해되고 적용된다. 기존의 예배가 정체성과 공동체의 신앙을 지지하는 영기에 기반한다면, 디지털 예배는 차이와 다름을 존중하는 신앙의 입장에서 그것을 개진한다.

다시 벤야민으로 돌아가면, 그는 "사진 원판으로부터 여러 개의 인화가 가능하다. 어느 것이 진짜 인화냐고 묻는 것은 의미 없다"[13]고 말하면서, 예술계의 아우라 지상주의를 비판했다. 벤야민을 디지털 예배의 현상학에 적용하면 이렇다. '신을 찬양하고 기억하고 소환하는 예배는 여러 형태가 가능하다. 어느 것이 진짜 예배냐고 묻는 것은 의미 없다.' 이제 개별자를 단일한 믿음의 체계와 전통적 예배 안으로 묶는 것은 불가능하다. 어쩌면 궁극적 실재와 궁극적 실재를 믿는 우리의 신앙은 오직 "차이의 놀이play of difference"[14], "타자의 얼굴face of the Other"[15]을 통해 실재하는 것인지 모른다. 이렇게 디지털 예배는 전통 예

13 Walter Benjamin, *Illuminations*, 224.
14 Jacues Derrida, *Positions*, translated and annotated by Alan Bass(Chicago The University of Chicago Press, 1981), 26-27.
15 Emmanuel Levinas, *Totality and Infinity*, 김도형 외 옮김, 『전체성과 무한』(서울 그린비, 2018), 285-327.

배의 아우라를 파괴시키면서 우리에게 다가왔다.

도래한 디지털 예배에 대한 불안과 두려움에 빠져있는 나에게 베르거의 한 마디는 많은 위안과 용기를 주었다 "디지털 미디어는 사실상 이 지점에서 신학적 성찰을 제공하는 선물을 제공하고 있을 수도 있다. 최소한 디지털 미디어는 수세기 동안 하나의 특정 프로토콜에 의한 제한, 다시 말해 단선적 사고와 도서 제작에다가 특권을 부여해 온 신학적 숙고에 비판적 빛을 비추고 있기 때문이다. 어쩌면 예배, 기도, 그리고 헌신뿐만 아니라 미술, 음악, 그리고 상상력에 다시 주목해야 할 때가 온 것이다. 만일, 그렇다면 디지털 미디어의 출현 자체가 어쩌면 성령의 역사하심일 수 있다는 주장이 그렇게 터무니없는 말은 아닐 수 있다."16

테레사는 위의 글을 통해 디지털 예배의 도래가 교회의 위기이자 동시에 기회라는 점을 말한다. 화석화된 제도와 정형화된 문법에 매몰된 예배는 디지털 시대를 거치면서 어떤 식으로든지 변형이 이루어질 것이고, 그것이 예배의 퇴화가 될지 진화가 될지는 우리가 예배 갱신을 위해 얼마나 치열하게 몸부림치는 지에 달렸다. 그 과정에 우리는 교회에서 드려지는 모든 예배의 궁극적 의미는 예배를 초월해 있다는 것을 깨닫게 될 것이다. 그것이 우리의 예배 가운데 임재하는 성령을 믿는 예배자들이 지녀야 할 마음임을 저자는 강조한다. 지금까지 코로나19

16 Teresa Berger, 『예배, 디지털 세상을 만나다』, 298.

이후 달라진 예배 환경과 조건에 대한 이야기였다면, 이후의 논의는 코로나19로 인해 달라진 종교 지형속에서 우리는 어떻게 다시 예배 공간을 디자인해야 하는가에 대한 부분이다.

미디어가 메시지다!

비대면 동영상 예배가 오래된 예배의 문법에 균열을 가하면서 차이와 타자의 영성을 지향하는 예배로의 전환을 요청하고 있는 것이다. 그렇다면 차이와 타자를 섬기는 예배란 구체적으로 무엇인가?

예배에 참여하는 개별자들의 사연, 배경, 입장은 각기 다양하다. 그 다름을 하나로 묶어냈던 것이 전통 예배의 미덕이었다. 하지만 다양한 개별자들이 디지털 공간 안에 들어오면 개별 언어와 이념들로 나뉜다. 전통예배에서는 개별자들을 연속성 있게 묶을 수 있는 장치들이 효능을 발휘했으나, 불행하게도 디지털 공간에서 개별자들끼리는 불연속적이다. 그것을 전통적 방식으로 종합하는 것은 불가능하다. 디지털 공간에서는 근원적인 것이 '차이의 놀이'(데리다), '복제 가능성'(벤야민)을 통해 유통되기 때문이다. 그런 의미에서 현대 매체이론의 대표적 학자인 맥루언의 "미디어는 메시지다"[17]라는 말은 디지털 시대를 맞아 예배 갱신을 도모하려는 사람들에게 중요한 단서를 제공한다.

미디어는 내용과 메시지를 담는 그릇이고 형식이라고 할 수 있다. 메시지는 교회적으로 말하면 복음이라 할 수 있을 것이다. 기존 예배

17 Herbert Marshall McLuhan, *Understanding Media*, 김성기 외 옮김, 『미디어의 이해』(서울 민음사, 2002), 35.

전통에서는 복음이 절대적이었고 그것을 담는 방법과 형식은 부수적이었다. 그러나 현대 디지털 공간에서는 그 관계가 역전된다. 메시지(복음)는 그것이 담겨지는 그릇에 담겨진 메시지(복음)인 것이지 메시지(복음) 단독으로 존재하지 않는다. 요약하면 현대 매체이론에서는 메시지가 담겨지는 그릇에 방점이 있다는 말이고, 이를 디지털 예배로 적용하면 매체 환경의 변화에 맞게 복음도 다른 그릇에 담겨져야 한다는 뜻이다.

이 순간 벤야민이 다시 떠오른다. 기술복제시대의 대중에 대해 언급하면서 벤야민은 다음과 같은 말을 남겼다 "대중은 예술작품을 대하는 일체의 전통적 태도가 새로운 모습을 하고 다시 태어나는 모태이다."[18] 나는 벤야민의 발언을 디지털 예배 시대의 예배자를 소환하는 문구로 전환하고자 한다. '디지털 예배시대의 예배자는 예배를 대하는 일체의 전통적 태도가 새로운 모습을 하고 다시 태어나는 모태이다.' 바뀐 미디어 환경에서 복음의 메시지를 담지하는 예배자에 대한 새로운 발견을 벤야민은 요청하고 있다. 기존의 수동적, 기계적, 타자화된 예배가 아닌, 적극적, 창의적, 주체적 예배로 전환해 디지털 환경에 걸맞는 새로운 영기를 품는 그릇으로 예배가 변모해야 할 것이다. 그러기 위해서는 좀 더 과감하게 우리의 예배를 갱신할 필요가 있다.

목회자 중심적 예배에서 벗어나 예배 참여자에게 그 권한과 책임

---

18 Walter Benjamin, *Illuminations*, 239.

을 많이 부여하고, 정체성을 강화하는 예배보다는 서로의 다름과 차이를 섬기는 예배로의 전환을 도모해야 할 것이다. 일정한 흐름은 유지하나 화석화된 순서가 아닌 예배 참여자들이 예배에 즉흥적이고 우발적으로 참여할 수 있는 틈과 여지를 허락하는 쌍방향적인 예배에 대한 구상도 서서히 준비를 해야 한다. 그 과정에서 소외되는 디지털 부적응 세대에 대한 배려에도 우리는 주의와 관심을 기울여야 할 것이다. 어쩌면 새로운 시대에 맞는 예배가 전통 예배에 익숙한 교인들에게는 폭력으로 다가갈 수 도 있기 때문이다. 이처럼 코로나19는 예배 갱신에 대한 많은 물음과 과제를 우리들에게 던지고 있다.

지금까진 나는 코로나19 시대 종교현상학의 이슈를 비종교사회의 도래, 종교적 아우라의 파괴, 예배의 재구성이라 지목했고, 그에 따른 진술과 서사를 진행했다. 이러한 코로나19 시대 증상을 토대로 나는 팬데믹 공간에서의 종교의 테제를 3가지로 선정해 다음 장에서 조목조목 열거할텐데 그것들의 제목을 미리 말하면 다음과 같다 (1) 세속화와 함께하기, (2) 반지성주의의 극복, (3) 타자에 대한 관심과 배려

3. 팬데믹 공간에서 종교의 조건들

1) 세속화와 함께하기

앞선 비종교사회 속 한국 개신교 현상학을 다루는 장에서 나는 근

래에 실시한 코로나19 관련 인식조사와 2019년 개신교인 사회현안에 대한 인식조사 결과를 토대로 한국개신교인들의 신앙 패턴이 비종교사회 속에서 포괄주의 신앙 형태로 접어들었음을 말했다. 이러한 시대의 징조는 본회퍼가 말하는 '하느님이라는 후견인 없이도 잘 살아갈 수 있다'는 "성인이 된 세계"[19]를 떠올리게 한다.

본회퍼는 성인이 된 세계에서 그리스도는 과거의 종교적 권위와 영광을 유지할 수 없게 되었고, 만약 그리스도교가 종교로 남아있고자 한다면, "하느님 없이, 하느님 앞에서, 하느님과 더불어"[20] 살겠다, 라는 다짐이 있어야 한다고 주장한 바 있다. 이것이 '그리스도교의 비종교화religionless Christianity' 요약하는 말인데, 본회퍼는 비종교화가 함의하는 역설적 미학을 다음과 같이 분명한 언어로 표현했다 "인간은 반드시 세속적으로(세상에서) 살아야 한다. 그럼으로써 신의 고난에 동참한다. 그리스도인이 된다는 것은 특별한 방식을 따르는 종교인이 되는 것이 아니라 그 자신이 되는 것. 종교적 행위가 그리스도인을 만드는 것이 아니라, 세속적(세상적) 삶에서 벌어지는 신의 고난에 참여하는 것이다."[21]

본회퍼를 이어 세속화 시대 신앙과 윤리를 새롭게 도모하는 시도

---

19 Dietrich Bonhoeffer, *Letters & Papers From Prison* (New York Macmillan Publishing Co, 1972), 326.
20 앞의 책, 360.
21 앞의 책, 361

가 많이 등장했다. 이는 코로나 이후 종교를 다시 정초하려는 나에게 실마리를 제공하는데, 본회퍼의 비종교시대 신학을 현대적 관점으로 적용한 인물들은 다음과 같다. 얼마 전 타개한 시카고 신학교의 제닝스Theodore W Jennings,해체주의 철학자로 알려진 데리다. 데리다 이론을 신학적으로 접목한 카푸토John Caputo 등이다.

　　제닝스는 2018년 방한에서 '기독교 이후의 신학Post Christian Theology'에 대해 몇 차례 강의를 했다.[22] 그는 본인이 주장하는 '기독교 이후의 신학'이 본회퍼로부터 시작되는 세속화 신학과도 맥이 닿아 있음을 명확히 한다 "(본회퍼의 비종교화, 세속화 신학은) 형이상학으로서의 기독교가 끝나고, 즉 하나님 자체에 대해 사변적으로 연구하는 종교적 기독교가 끝난 이후에 어떤 시대가 올 것인가에 관한 고민이었다. 본회퍼는 종교 없는, 종교를 넘어선, 종교 밖의 기독교란 무엇일까 고민했다. 하나님이 이 세계를 이끌어 가는데 단순히 참여하는 걸 넘어서서 세계의 상처입음 위에 서고 상처입음에 앞장서는 일에 대해 생각한 것이다."[23]

　　위 발언에서도 보듯이 제닝스는 본회퍼에 이어 이러한 21세기 비종교화 시대에 적극적으로 개입하는 신학자이다. 『무법적 정의』에서 그는 "세속적인 그리고 심지어 비종교적인 지식인들과의 대화"를 도모

---

22 김지훈, 『한겨레 신문』(2018. 08. 30), 「노신학자의 예언, 기독교 없는 사회 올 것」. http//www.hani.co.kr/arti/culture/book/860032.html(최종검색일 2023. 12. 31).
23 이범진, 『복음과 상황』(2019. 09. 20), 「종교적 기독교의 끝에서 시작되는 기독교 이후의 신학」. http//m.goscon.co.kr/news/articleView.html?idxno=30405(최종검색일 2023. 12. 31)

한다고 밝힌다. 제도로서의 기독교와 기독교 담론이 아니라, '교회적인 해석을 하는 종교의, 심지어 학자들의 게토ghetto 바깥에서' 기독교를 바라보는 사람들의 목소리에 주목해야 한다고 제닝스는 주장한다.24 결국, 제닝스 교수가 말하고자 했던 '기독교 이후의 신학'은 종교를 벗어나는 종교, 종교 밖으로 나아가는 종교, 혹은 종교 밖에서 침투하는 이질적인 것을 품는 종교라 할 수 있다.

나는 제닝스 교수의 '기독교 이후의 신학'을 접하면서 그가 자주 언급하는 해체주의 철학자 데리다의 아포리즘이 떠올랐다. "메시아주의 없는 메시아적인 것the messianic without messianism"25이 그것이다. 데리다는 메시아주의(messianism)로 상징되는 존재론적 확신이 역사의 진행 과정에서 많은 사람들을 광기로 몰아넣었으며 수많은 전쟁과 죽음을 가능케 했던 동인이었음을 자각한다. 이런 이유로 데리다는 메시아주의가 아닌 '메시아적인 것(the messianic)'을 제안했고, 그곳은 그 누구도 정착할 수 없는 탈영토화된 공간이다.

데리다의 해체론을 신학적으로 풀어 설명하고 있는 카푸토는 『종교에 대하여On Religion』에서 지금 시대의 종교 상황을 "Religion without Religion(종교 없는 종교)"26이라고 표현했다. 차연으로서의 신은 인

---

24 Theodore W. Jennings, Jr. *Outlaw Justice: The Messianic Politics of Paul* (California Stanford University Press, 2013), 6-7.
25 Jacques Derrida, "Faith and Knowledge", in *Acts of Religion*, Edited by Anidjar (New York Routledge, 2002), 56-57.
26 John D. Caputo, *On Religion*(New York Routledge, 2001), 132.

간의 믿음, 행위, 고백, 이성적 판단 안으로 수렴되는 존재가 아니라, 오히려 우리가 알고 있는 가능성들과 대립하는 불가능한 형식으로 도래한다. 신으로부터 기인하는 사건이란 신의 현재화를 드러내는 표식이겠지만, 한편으로는 현재화 될 수 없는 잉여를 남기며 미끄러져 가는 무엇이다. 그 결과 신은 현재화 할 수 없는 절대 미래, 절대 타자의 자리로 내몰린다.[27] 인간이 만들어낸 제도화된 종교를 삐딱하게 바라보면서, 새로운 실천적 차원의 진리를 종교가 어떻게 도모할 수 있을지를 모색하는 것이 카푸토가 'Religion without Religion(종교 없는 종교)'을 말하며 내세웠던 바이다.

나는 코로나19 이후 요청되는 종교의 새로운 패러다임을 본회퍼 신학의 테제인 '하느님 없이, 하느님과 앞에서, 하느님과 더불어'로부터 시작해 제닝스의 '기독교 이후의 신학Post Christian Theology', 데리다의 '메시아주의 없는 메시아적인 것', 카푸토의 '종교 없는 종교'로 이어지는 흐름에서 찾았다. 이들은 공히 문명의 전환기를 맞아 믿음에 대한 과감한 신학적 상상과 도약을 우리들에게 요청하면서, 새 술은 새 부대에 담아야 한다는 오래된 명제를 다시 떠올리게 한다.

바른 믿음은 마술과 다르게 신을 인간의 욕망에 따라 행동하는 것으로 격하시키지 않는다. 코로나19 시대 믿음은 신을 종교의 특별한 영역에 위치시키지 않고, 이 세상과 더불어 살아가는 신이라 증언한다.

27 Jacques Derrida, "Faith and Knowledge" in *Acts of Religion*, Edited by Anidjar (New York Routledge, 2002), 56-57.

그러므로 코로나19 시대를 살아가는 신앙인은 이 세상으로부터 동떨어지고 게토화된 특별하고 경건한 곳으로 숨어 들어가 개인의 탈속을 추구하지도, 혹은 본인의 신앙과 생활을 분리시키지도 않는다. 신앙생활을 잘하는 것에 목을 매는 것이 아니라 생활신앙인으로 살아간다. 나는 이를 '소아적 신앙'에서 '대승적 신앙'이라 명명하면서 팬데믹 이후 새롭게 펼쳐지는 생활세계에서 종교의 첫 번째 테제가 되어야 한다고 본다.

2) 반지성주의의 극복

중세 페스트와 관련된 그림을 한 장 보면서 이야기를 시작하겠다. 그 전에 잠시 페스트와 중세 교회의 파국과 관련된 사항을 요약하면, 1300년대 페스트로 인해 유럽인구의 1/3이 죽음을 맞았다는 기록이 있고, 그 이후에도 국지적으로 페스트가 꾸준히 창궐했다. 그리스도교 특유의 회개(고백, 고해성사)의 교리가 강조되면서 발전하던 때가 이 시기였고, 면죄부를 판매하는 지경에까지 이르면서 중세 교회는 파국을 맞는다.[28] 교회는 페스트 앞에서 죽음에 대한 공포를 조장하면서 교회의 권위를 유지하려고 했는데 그것이 중세 교회의 운명을 단축시키는 꼴이 되었다.

한편 중세 교회의 역사 속에서는 페스트로 인한 죽음과 정면으로 맞서는 장면도 존재했다. 그것을 다룬 작품이 바로 〈채찍질 고행단〉이다. 흑사병을 인간이 저지른 죄에 대한 신의 심판이라고 여기는 무리가 등장

---

28 이상철, 「중세, 죽음이 편재했던 시기」, 『탈경계의 신학』(서울 동연, 2012), 208-213 참조.

했고, 자신의 몸에 고통을 가함으로써 참회하는 채찍질이 페스트가 창궐하던 무렵 등장했는데, 프란시스코 고야(1746~1828년)의 〈채찍질 고행단〉(1812~1814년)은 이러한 배경을 깔고 있다.

〈그림 1〉 고야의 '채찍질 고행단'(46×73cm)

그림 가운데 긴 고깔모자를 쓰거나 하얀 두건으로 얼굴을 가린 채 상체를 드러난 남자들의 등에 채찍 자국을 볼 수 있을 것이다. 붉은 피가 등을 따라 흘러내리면서 하반신을 가린 흰 옷까지 흘러내리고 있다. 이들은 씻지도 않고 옷도 갈아입지 않았다. 그냥 저대로 아무데서나 자고 먹고, 채찍질로 인해 생긴 상처는 흑사병의 숙주가 되고 결과적으로 전염병을 널리 퍼뜨리게 하는 요인이 되고 만다. 근대 화가인 고야는 중세 인간들의 무지와 광신, 교회의 타락, 종교적 광기가 빚어낸 인간의 반이성과 잔인함을 이 그림에서 표현하고자 했다.

문득 전광훈 목사와 이만희 교주가 '코로나19' 정국에서 보인 말과 행태가 이 순간에 오버랩 된다. '코로나19' 확진자가 급증하던 2020년 2월 22일 광화문 집회에서 전광훈 목사는 이렇게 말했다 "우리는 조국 대한민국을 지켜낼 것! 오히려 이런 예배에 참여하면 성령에 불이 떨어지기 때문에 걸렸던 병도 낫는다." 이만희 총회장도 코로나19 확진자가 폭발적으로 증가하던 2020년 2월 21일에 신도들에게 보낸 메시지를 통해, "금번 병마 사건은 신천지가 급성장됨을 마귀가 보고 이를 저지하고자 일으킨 마귀의 짓임을 안다"라는 망언을 한 바 있다. 이 자들의 말과 행동이 중세 페스트가 창궐하던 무렵 등장한 〈채찍질 고행단〉의 광신적 행위와 뭐가 다른가. 무엇이 이런 만행을 가능하게 하고, 무엇이 이런 광기를 가능하게 하는 것일까? 이 대목에서 '중세의 페스트'와 '21세기 코로나19'는 동일한 질문을 던지면서 중세의 신앙인과 현대의 신앙인을 같은 자리로 초대한다.

여기서 우리가 눈여겨보아야 할 사실은 페스트로 인해 등장한 죽음의 그림자 뒤에 의외로 합리주의가 등장했다는 점이다. 감염병으로 인한 죽음의 편재는 중세의 패러다임을 송두리째 무너뜨리면서 회의주의를 전파시켰다. 이는 인식론적으로 계몽주의와 이성주의를 앞당기는 계기가 되었다. 르네상스가 꽃피울 수 있었던 것도 신적 세계에서 벗어나려는 인간 정신에 대한 찬양과 중세에 대한 근본적인 회의로부터이다. 데카르트의 '방법적 회의'도 죽음의 폐허를 극복하려는 (신앙이 아닌) 인간 정신의 발버둥이었다고 보면 맞다. 아이러니컬하게도 역병이 휩쓸고 간 자리에서 반지성주의를 극복하려는 근대적 이성이 탄생한 셈이다.

지금까지 중세 사회가 페스트 위기를 지나면서 어떻게 변모했는지를 살피면서 코로나19가 앞으로 우리가 살아갈 미래를 어떻게 변화시킬지에 대한 예단을 했다. 페스트로 인해 중세가 무너지고 근대라는 새로운 시대로 나갔듯이, 코로나19는 우리들에게 지금과는 다른 삶의 패턴과 의식의 고양을 요구하면서 새로운 미래를 향한 준비와 진격을 재촉하고 있다. 이것이 코로나19가 우리에게 선사하는 역사철학적 의미라 할 수 있다. 이러한 과정을 통해 나는 윤리학의 자리를 명확하게 인식할 수 있었다. 사회적 현상을 정확하고 객관적으로 검토하는 것, 의심의 해석학에 기반해 기존 통념과 관행에 대해 비판적으로 성찰하는 것, 그리고 최종적으로 기독교 경전과 전통 속에 깃든 해방과 자유의 정의를 추구했던 기록을 통해 현실을 다시 전유하면서 실천하는 것이다.

3) 타자에 대한 관심과 배려

코로나19가 인류에게 제공한 가장 중요한 교훈이 있다면 '모든 인간은 이어져 있다'는 것이다. 지젝은 이를 다음과 같이 적고 있다 "우리는 공적 존재들의 요구에 좀 더 민감해져야 하며, 자기 이해를 새로운 의미로 정식화해 그것들이 처한 곤경에 반응해야 한다. …… 인간은 그저 잠재적으로 무한정한 세력들의 네트워크 중 하나의 세력일 뿐이다."[29] 세상은 이데올로기와 성과 계급과 문화와 종교와 자본에 따라 분리되어 있지만, 코로나19는 우리들에게 인간이 만든 모든 차이와 구분은 한낱 바람에 날리는 겨와 같다는 것을 일러주는 것 같다.

29 Slavoj Zizek, *Pandemic! COVID-19 Shakes the World*, 강우성 옮김, 『팬데믹 패닉』 (서울 북하우스, 2020), 138.

중세 페스트가 교황과 왕과 봉건영주와 신부와 평민과 노예들에게 가리지 않고 번져나갔듯이, 코로나19 역시 선진국, 후진국, 계급, 인종, 국가 등을 가리지 않고 똑같이 퍼져나갔다. 물론 세상이라는 기차는 일등칸, 이등칸, 삼등칸이 정해져 있어 그 안에서 보호와 안전의 정도에 차이가 있어 전파속도가 다르지만, 그럼에도 불구하고 기차는 이어져 있기에 무슨 일이 생기면 결국 같이 죽고 같이 산다는 진리를 우리는 코로나19를 통해 각성하게 되었고, 그것은 어처구니없게도 묘한 위안과 은혜로 내게 다가왔다. 우리가 한 번도 가본 적이 없고, 한 번도 만나본 적이 없는 타자적 공간과 사건에 대해 이토록 강한 끌림을 느꼈던 적이 있었던가. 말로만 듣고 이론으로만 접했던 타자에 대한 관심과 배려, 지구촌 공동체, 우주적 존재로서의 개인 등 상상 속에서만 존재할 것 같았던 제목들이 코로나19로 인해 생생하게 실재가 되어 귀환했다.

행위 문제는 종교적 수행과 연관이 있다. 그렇다면 팬데믹 이후 타자 본위의 삶을 지향하는 문제는 종교적 수행의 중요한 주제가 된다. 그런 의미에서 데리다의 환대론은 코로나19 이후 종교적 행위를 새롭게 정초하려는 사람들에게 많은 영감을 제공한다. 그는 "환대가 스스로를 경계짓거나 연역해내지 않는다"고 말한 후 "환대는 반대되는 것을 갖지 않는다. 알레르기, 거부, 외국인 혐오 등의 현상, 심지어 전쟁조차" 라는 말을 남기면서 환대에 대한 절대적 신뢰를 표현한다.[30] 한 걸

---

30 Jacues Derrida, *Adieu To Emmanuel Levinas*, translated by Pascale Anne Brault and Michael Naas(California Stanford University of Press, 1999), 50-51

음 더 나아가 데리다는 환대를 통해 새로운 주체성의 요소로 발견하고 자 한다. "타인을 받아들이는 가운데 지고함을 맞아들인다는 것, 이것 이 주체화 자체이다. …… 그것은 주체성을 환대로서, 부정이 없는, 따 라서 배제가 없는 분리로서 재정의하는 것으로 끝을 맺는다."31

데리다는 환대를 근대성의 대표 상징어인 관용과 선을 긋기 위해 사용했다. 데리다는 환대를 사용해 근대적 관용의 주체들을 비평의 제 단 위로 소환하는데, 이는 관용의 주체가 서구 근대의 제국주의적 주체 와 겹친다는 사실을 고발하기 위함이었다.32 우리와 비슷하고 우리에 게 익숙한 존재들만 초대해 관용을 베푼다는 것은 동일성에 대한 확인, 혹은 확장이지 어떠한 변화도 도모할 수 없다.

돌이켜보면 서구 근대화 과정에서 등장한 관용의 주체는 자기 밖 에 존재하는 타자에 대해서는 응징과 폭력을 가했던 주체이기도 했다. 유대인과 동성애와 식민지의 백성들, 여성과 이방인과 장애인를 향한 혐오와 적대의 현장에 어김없이 관용의 주체는 자리하고 있었다. 관용 의 주체가 지녔던 어두운 과거를 간파했던 데리다는 이에 대한 반동으 로 환대를 말했던 것이고,33 그리고 나서 이제부터의 주체성은 타자를 환대하는 주체로 한정하자고 제안한다. 데리다에 의하면 새로운 주체

---

31 앞의 책, 54

32 Jacques Derrida, "Hospitality, Justice and Responsibility A Dialogue with Jacques Derrida", in *Questioning Ethics Contemporary Debates in Philosophy*, Edited by R. Kearney and M.Dooley(New York Routledge, 1998) 70.

33 Jacques Derrida, *De 'hospitalite*, 남수인 옮김, 『환대에 대하여』(서울 동문선, 2004), 135.

는 우리 안으로 들어오는 낯선 타자를 향해 이렇게 말할 줄 아는 주체다. "문지방을 넘으라. …… 내 안으로 오라, 내 안에 자리 잡아라."34 데리다 발언은 코로나19 정국에서 출몰한 타자에 대한 환대와 적대를 놓고 고민하는 종교인들에게 해법을 제시한다.

코로나19를 통해 우리 사회에 재난이 닥칠 때 가장 먼저 무방비로 노출되는 계층이 누구인지 분명하게 드러났다. 우리 사회 약자들과 타자들이 우선적으로 공동체에서 지워지고 도태되면서 고통의 한복판으로 몰렸다. 이 시점에서 우리는 공동체의 현재와 미래를 위해 근본적인 선택을 해야한다. 타자를 향한 환대와 연대인지, 아니면 적대와 배제인지를 놓고 선택을 해야 한다는 말이다.

종합하면 이렇다. 중세 시대 페스트가 몰아친 후 유행했던 죽음의 무도와 같은 파국의 전망이-그것의 진위 여부를 떠나- 우리 사회에 번져버린 코로나19 묵시록이 되었다. 우리는 코로나19 상황 속에서 벌어졌던 이러한 파국의 메시지에 주목해야 한다. 사회가 지키고 사수해야 할 가치들이 불가항력적인 요소들에 휩쓸려 갈 때, 우리 사회는 타자에 대한 혐오와 폭력이 난무하는 야만 앞에 놓일 수 있기 때문이다. 그 파국의 지점에서 우리는 과연 환대의 종교를 작동시킬 수 있을까. 코로나19는 타자에 대한 환대라는 불가능한 가능성을 종교적 수행의 과제로 던지고 있다.

---

34 앞의 책, 134.

4. 나가는 말: 포스트 팬데믹 묵시록

코로나19가 사회 전 분야에서 일으키고 있는 파국의 현상과 묵시적 예감은 우리 시대 일상이 되었다. 종교 분야도 예외는 아니다. 글을 마무리하면서 최종적으로 다다른 지점은 한국 개신교의 현실이었다. 코로나19 정국에서 드러난 한국교회의 현실은 퇴행적이다 못해 사회악으로 비난을 받는 지경에까지 이르렀다. 굳이 이 자리에서 전광훈과 이만희가 '코로나19' 정국에서 보인 말과 행위를 다시 언급하지는 않겠지만, 나는 그 자들의 말과 행동을 보면서 중세 페스트가 창궐했던 무렵 등장했던 교회의 광신적 행위들이 생각났다.

물론 우리는 중세의 '채찍질 고행단'처럼 채찍을 몸에 내리치고 회개하면 전염병을 피할 수 있다고 생각하는 그들과는 다른 계몽되고 지성적인 신앙인이다. 그런데 한편으로는 과연 그런가, 라는 의심스러운 마음이 드는 것은 왜일까. 중세와는 다른 종류의 비이성과 무지와 광기가 우리를 지배하고 있지는 않은지. SNS를 통한 가짜 뉴스, 각종 음모론과 루머, 그리고 인종차별, 성차별적인 발언과 행위들이 코로나19 바이러스보다 빠르고 독하게 우리 사회를 감염시키고 있다.

코로나19는 그동안 소문만 무성했던 한국 개신교의 민낯을 여과 없이 드러내는 기제로 작동하고 있고, 비대면 예배를 둘러싸고 벌어지는 정부와의 갈등과 긴장 국면에서 교회는 미성숙한 태도로 일관함으로써 스스로를 게토화하는 운명으로 몰아갔다. 특별히 코로나19 정국에서 드러난 성소수자에 대한 혐오와 폭력, 외국인과 이방인에 대한 편견과 차별, 우리사회 취약계층에 대한 무지와 외면은 흑사병의 원인이 쥐에서 기생하는 쥐벼룩이라는 것을 몰랐던 중세 교회 신자들이 부랑자, 유대인, 마녀들, 이방인 등이 페스트를 일으킨다고 생각하고 집단적인 폭력과 학살을 자행했던 그것과 근본적으로 다르지 않다고 말할 수 있을까. 그렇다면 여전히 우리는 중세의 연장선상에 있는 것이고, 그렇다면 우리는 전광훈과 다를 바 없는 신앙인들이다.

중세 사회가 페스트 정국을 거치고 종교개혁을 지나 새롭게 태어났듯이, 21세기 사회와 교회도 코로나19 정국을 거치면서 새로운 패러다임으로의 전환을 요구받고 있다. 그것은 자기만의 성에 갇혀 고립된 신앙생활에 빠져있는 행태에서 벗어나 세속화 시대에 걸맞는 생활신앙인으로 거듭나는 것이고, 한국 사회와 교회에 팽배한 반지성주의를 극복하는 것이며, 코로나19로 인해 밝혀진 우리 사회의 약한 지점에서 재난 상황으로 내몰리는 취약계층을 향한 적극적인 환대에 동참하는 것이다.

II

팬데믹 시대 종교사회학:
'코로나19' 공간에서 펼쳐지는 시민성에 대한 한 고찰

1. 들어가는 말

한국기독교사회문제연구원, 『기독교사상』, 크리스찬아카데미가 20 20년 한 해 동안 공동으로 코로나19 이후 한국 개신교인 인식조사를 실시했는데, 필자는 정치 분야를 담당했었다.[1] 내가 정치분야에서 포커스를 두었던 사항은 코로나19 시대 한국인의 정치의식, 특별히 한국 개신교인의 시민성을 추적하는 것이다. 내가 이 문제에 주목한 이유는 코로나19 이후 방역과정에서 국가주의의 도래를 둘러싼 논쟁이 일어났고, 그것은 공동체주의와 개인주의 사이 상존하는 오래된 정치철학의 문제를 다시 소환했는데, 그 과정에서 코로나19 시대 시민성이 무엇인지, 특별히 한국 개신교인의 시민성이 무엇인지에 대한 강한 호기심이 생겼기 때문이다.

---

1 이상철, 「코로나19와 한국사회-정치분야」, 『기독교사상』 통권 742(2020. 10), 10-14

구체적 물음들은 다음과 같은 것들이었다. 한국의 개신교인들은 개인과 공동체의 이익과 안녕 중 어디에 방점이 있는가, 개인의 권리와 자유에 대한 인식은 어떠한지, 공동체가 직면한 문제들을 돌파하는 기술에 있어서는 어떤 점을 고려하는지. 이러한 질문을 던지고 그것에 대한 인식조사와 통계분석을 한 후에 한국 개신교 시민성을 가늠하고 그것을 바탕으로 한국개신교의 시민윤리를 도모해 보는 것이 본고의 의도이다.

이러한 취지에 입각해 글은 크게 세 부분으로 이루어졌다. 우선 시민성이 무엇인지에 대한 통시적 정리를 한 후에, 코로나19 상황에서 등장한 시민성 논란의 주제인 공동체주의와 개인주의간 갈등을 따라갈 것이다. 이후 인식조사 항목들을 분석하면서 한국 개신교 시민성 일반에 대한 비평을 도모하는 순으로 글은 전개한다.

2. 시민(성)의 계보학

1) 홉스에서 마르크스까지

시민성의 기원을 둘러싼 논의는 고대 그리스-로마 시대로까지 소급해야 할 성질이지만, 이곳에서는 지면관계상 근대의 출현과 더불어 등장한 시민성으로 제한하고자 한다. 근대성의 특징을 사회철학적으로 의미부여할 때, 정치적으로는 국민국가의 탄생, 경제적으로는 자본주의의 등장, 사회적으로는 시민계급의 출현이라고 말할 수 있겠다.

막스 베버는 『직업으로서의 학문』에서 이러한 근대성이 지니는 가치 영역의 분화를 설명하면서 신적 권위로부터 탈주하던 시기라 회상하며 다음과 같은 말을 남겼다 "지금까지 1000년 동안에 걸쳐 기독교 윤리의 커다란 정열에 대한 명목상의 혹은 상상의 측면에서의 전일적인 귀의 때문에 이 숙명을 보는 눈이 어두워져 있었다."[2] 위 인용문에서 언급하고 있는 '전일적 귀의'란 고·중세를 지배했던 신적인 원리를 의미하는 것이고, 그것 때문에 근대 이전의 사람들은 시대의 변화를 읽는 눈이 어두웠다고 베버는 비판한다. 근대적 시민의 등장은 바로 이 지점에서 시작된다.

시민사회의 등장을 언급하려면 17~18세기에 등장한 사회계약설을 살펴야 할 것이다. 일찍이 홉스는 "자연계 속에서 인간은 만인의 만인에 대한 투쟁 가운데 있는 존재"라고 규정했다.[3] 사회계약에 의하면, 사회는 자연 상태에서 발생하는 무질서로 인한 공포와 폭력, 불편에서 탈피하고자 하는 개인들 사이의 약속으로 탄생한다. 이들은 공동체에 속하지 않는 사람들, 혹은 외부의 적들로부터 신체의 안전과 재산의 보장을 위해 사회를 형성하면서 나름 내부적 규율을 정했는데, 그것은 애초 자연 상태에서 자신들이 무분별하게 구가했던 자유를 서로 제한하

2 막스 베버/김진욱 외 옮김, 『직업으로서의 학문』(서울 범우사, 1997), 61.
3 토마스 홉스/최공웅 외 옮김, 『리바이어던』(서울 동서문화사, 2016), 131.

는 것이다.[4] 그리하여 고·중세와는 다른 새로운 복종의 시스템이 형성되었다. 기존의 교회와 개인, 그리고 봉건제도 속 개인에게 내포되어 있었던 예속적 위상은 사회계약에 의거해 원칙상 평등한 법적인 권리를 행사하는 주체로 바뀌었다. 이들을 우리는 시민이라 부르고, 시민의 등장은 이전 봉건적 시스템의 붕괴와 이전 관계의 해체를 의미했다.

　　루소는 사회계약에 의거한 새로운 시민계급의 등장은 인정하나 그것이 함의하는 바를 비판적으로 검토한 인물이었다. 자연 상태에서의 인간은 경험을 통해 공동체를 만들어 나의 안녕과 더 많은 나의 풍요를 누릴 수 있음을 깨달았다. 하지만 나의 안전 이상의 것, 나의 필요 이상의 것을 추구하면서 인간은 타락하기 시작한다. 더 많은 필요를 충족시키기 위해 분업이 도입되었고, 이것은 경제 운용방식과 시장의 작동을 사용가치에서 교환가치로 전환시켰다. 농부, 어부, 산업노동자 등으로 분화되어 각자의 전문 영역에 몰두하기 시작하면서 생산은 기하급수적으로 늘어나게 되고 독립생활자로서 인간은 서서히 사라져갔다. 상호의존성이 강화되었다는 말인데 이것은 경제학적으로는 각각의 노동주체들 사이 재화와 용역이 교환되는 것을 의미했다.
　　이때부터 소유에 대한 강한 자기 목소리가 등장하기 시작했다. 그래야만 다른 사람이 생산한 재화와 자기의 그것을 교환할 수 있는 명목이 생기기 때문이었다. 그 과정에서 교환가치의 룰을 결정하는 사회적 구조와 역동이 부의 축적을 좌우하는 결정적 요소로 등장했고, 그 체제

---

4 존 로크/강정인 외 옮김, 『통치론』(서울 까치, 1996), 375.

가 바로 근대 시민사회의 배경이 되었다. 루소는 당시의 분위기를 최종적으로 다음과 같이 기록했다 "어떤 사람이 땅 뙈기에 울타리를 치고 '이 땅은 내 것'이라고 말했을 때 다른 사람들이 순진하게 그 말을 곧이곧대로 받아들였다. 따라서 그 사람이 시민사회를 실제로 창설한 사람이 되어 버린 것이다."5

　　루소를 계기로 근대적 시민bourgeoisie에 대한 비판적 시선이 싹트기 시작했는데, 이유는 노동자와 농민이 시민의 영역에서 제외되었기 때문이다. 그래서 헤겔은 『법철학』에서 시민사회는 부르조와에 의해 좌우되는 비윤리적 사회이기 때문에 국가에 의해 제어당해야 한다고 규정했다

> 시민사회 개념의 충분한 발전 속에서 시민사회는 국가로 필연적으로 이행한다. 이것은 곧 시민사회가 인간에게서 궁극적인 정치공동체일 수 없다는 사실을 함축하기도 한다. 말하자 면 시민사회의 불충분성 또는 모순이 국가라는 정치공동체를 요청할 수밖에 없으며, 시민사회를 한 계기로서 포함하는 국가에서 비로소 정치적 동물로서의 인간이 추구하는 바가 달성 될 수 있다는 말과도 같다.6

　　마르크스 역시 헤겔 논의를 받아 국가란 부르주아, 즉 시민계급에

---

5 루소/최석기 옮김, 『인간불평등기원론/사회계약론』(서울 동서문화사, 2007), 204.
6 헤겔/박배형 주해, 『헤겔과 시민 사회_법철학 시민사회장 해석』(서울 서울대학교출판문화원, 2017), 214-215.

의해 주도되는 억압과 착취의 국가임을 비판하면서 프롤레타리아 계급이 주도하는 사회와 국가로 나갈 것을 주문했다. 루소에서 시작해 헤겔을 지나 맑스에 이르러 시민은 변혁의 주체가 아니라 심판의 대상이 된 것이다. 이런 식의 사상은『공산당선언』에 나오는 다음의 유명한 구절로 정리되었다 "지금까지 존재해온 모든 사회의 역사는 계급투쟁의 역사이다."7

2) 마르크스 이후 현재까지

앞서 우리는 홉스에서 마르크스까지 시민성의 변화 추이를 살폈다. 중세 봉건 시스템을 극복하기 위해 등장한 새로운 계층으로서의 시민은 자본주의를 숙주로 해 성장했기에 마르크스에게 근대적 시민성은 비판의 대상이었다. 이렇듯 서구 근대의 발전과정에서 형성된 시민성에 대한 논의는 단일하게 포착되지 않는다. 마르크스 이후로부터 지금까지 동일하게 적용되는 시민성의 전형을 나는 발견하지 못했다. 물론 당대의 조류와 시대정신에 의해 요청되어졌던 시민성의 모양새가 있기는 했으나 그것은 다음에 등장하는 세대의 요구에 맞춰 기꺼이 변형되었다.

19세기 후반 이후 서구의 제국주의화가 본격적으로 작동하면서 시민성은 민족주의 담론과 결합하면서 내적으로는 공동체의 통합을 이끄

---

7 칼 맑스. 프리드리히 엥겔스/최인호 옮김,『칼 맑스 프르드리히 엥겔스 저작 선집』1(서울 박종철출판사, 1991-2001), 400.

는 시민성 논의로, 외적으로는 타자에 대한 배제와 차별을 조장하는 배타적 시민성 논의로 전개되었다. 이러한 흐름은 제2차세계대전 이전까지 지속되었다. 그리고 양차 세계대전이 끝난, 20세기 중반을 넘어가면서 시민사회에 대한 규정과 시민성에 대한 생각은 또 한차례 변주가 이루어진다.

이 시기는 시민사회의 개념에 평등사회, 내지 민주사회라는 이미지가 강하게 주입되기 시작한 때이다. 그것의 원인은 여러 가지로 상정할 수 있겠는데, 우선은 서구 열강의 압제 아래 독립한 아시아, 아프리카, 라틴아메리카 인민들의 고양된 의식의 영향이 컸다. 비록 그들 스스로 이루어낸 독립은 아니었지만 50~60년대 비동맹 전선을 구축하면서 서구열강과 선을 긋고 자신들의 정체성을 확보하고자 했던 노력들을 통해 시민의식 속에 민주성과 평등성에 대한 논의들이 다양하게 자리를 잡을 수 있었다.

시민사회의 평등성과 민주성에 대한 논의는 전후 재편된 국제질서, 즉 자본주의와 사회주의라는 거대한 이데올로기 속에서 이루어지는 구조적 폭력에 대한 저항의 역사와 맥을 같이 하는 개념이기도 하다. 자본주의는 평등성의 문제로, 사회주의는 민주성의 문제로 홍역을 앓았고 그것은 급기야 68혁명으로 분출되면서 냉전체제 시민사회 시스템 전반에 대한 문제들이 수면위로 등장하기에 이른다. 그와 동시에 각각의 개별 주체들이 자신들의 목소리를 내기 시작했다. 특별히 그 무렵, 여성, 흑인, 제3세계 인민들이 자기들에게 가해졌던 억압의 역사를 폭로하고 현실의 부조리에 저항하면서 새로운 시민사회의 구성에 대한 논의들을 제안하기에 이른다. 신학적으로 이는 1960년대 이후 등장한 여성신학, 흑인신학, 해방신학을 싹트게 했던 원인이 되었다.

　　전체적으로 전후 20세기 후반 시민성의 관심사는 인간화라는 큰 틀안에서 전개되었고 그 과정에서 인권에 대한 감수성의 문제와 인권 관련 의제들에 대한 논의들이 활발하게 전개되었고, 그것이 한 사회 시민성의 수준이 되었다. 세계 교회의 역사에서도 인간화의 문제를 둘러싼 반응이 있었다. WCC 웁살라 총회(1968년)의 의제를 '인간화'로 정하고 세계 교회 차원에서 시민사회에서 다루어지고 있는 인간화 문제에 대한 답을 요청하기에 이른다.[8]

　　21세기 시민사회는 지난 세기와는 다른 지형에서 전개되고 있다. 20세기 내내 진행된 현실사회주의의 실패는 자본에 의한 전 지구적 지배를 정당화했고, 이후 이른바 문화적으로는 포스트모더니즘과 경제적으로는 신자유주의로 대표되는 조류가 벌써 한 세대 이상 세상을 풍미하고 있다. 흔히 타자의 현상학으로 명명되는 21세기 사회는 자본의 흐름을 타고 공동체 안으로 들어온 타자에 대한 환대의 문제가 정치-사회적 이슈로 등장했고, 우리 안으로 들어온 이방인에 대한 대처가 그 사회 시민성의 척도를 좌우하는 기준이 되었다. 하지만 여기에는 다음과 같은 난제가 있다. 타자의 해석학을 새로운 시민성의 덕목으로 세우는 것은 좋지만, 자칫 그것이 도덕적 진공상태를 옹호하거나, 공공선을 향한 논의를 미루는 기제로 작동해서는 안 될 것이다.

8 케네스 R. 로스 외/한국에큐메니컬학회 옮김, 『에큐메니컬 선교학』(서울 대한기독교서회, 2018), 145-146; 320-321.

지금까지 나는 시민성 개념을 통시적으로 근대초기부터 현재까지를 빠르게 종단하면서 살펴보았다. 바람직한 시민사회를 모색하는 사람들 사이에서 제기되어 왔던 시민사회를 둘러싼 물음은 사회 구성원들이 각각의 개별성을 다 드러내서 주체적 시민으로서의 권리와 행복을 어떻게 구현할 수 있을지의 문제, 그리고 개인성의 추구가 파편화되거나 이기적이지 않게 어떻게 공동체의 질서와 조화를 이룰 수 있을지를 고민하는 것이다. 이 문제는 근대 이후 사회철학의 주요 쟁점이라 할 수 있는 자유주의와 공동체주의 간 논쟁으로 번져나간다.

3) 자유주의 대 공동체주의

　　앞서 홉스, 로크, 루소로 이어지는 근대 시민성의 계보를 살피면서 봉건적 억압에서 벗어나는 개인의 자유가 이들에게는 중요한 근대성의 기준이었음을 알았다. 개인주의는 자유주의 중핵이라 할 수 있다. 자유주의 체제는 개인의 자유와 권리의 증진에 방점이 있기에 제도와 시스템은 개인의 자유를 증진시킬 수 있는지 여부에 따라 가치가 결정된다. 그 과정에서 공공선의 가치나 요구, 타자적 시선과 목소리가 배제될 것이라는 우려가 없었던 것은 아니나, 자유주의는 그럼에도 민주주의 발전, 그리고 자본주의의 성장에 기여했다. 자유주의에 대한 신뢰는 서구 사회에서 여전하다. 아마도 파시즘과 나치즘, 냉전 체제 밑에서 시민권을 제약당했던 현대사의 비극 속에서 개인의 자유와 권리에 대한 가치의 중요성은 결코 포기될 수 없는 제일의 원칙이라는 것이 서구인들의 의식 속에 깊이 자리 잡고 있다.

　하지만 공동체주의자들에 의한 자유주의를 향한 반론도 만만치 않다. 공동체주의자들은 근대자본주의 사회 속에서 개인에 대한 강조가 사회적 관계를 파괴하고 개인을 고립화 시켰다고 비판한다. 공동체주의는 단절된 관계를 어떻게 하면 다시 회복시킬 수 있을지에 대한 문제의식에서 출발했고, 20세기 후반 신자유주의 시스템이 공고화되면서 주목받기 시작했다. 신자유주의의 도래와 더불어 급격히 번져나가기 시작한 부의 불균형과 불평등 문제가 자유주의의 토대라 할 수 있는 개인을 몰락하게 하는 부메랑으로 돌아오고 있으니, 더 이상 개인은 혼자 자기만의 방에 갇혀서 지내서는 안 된다. 개인은 건강한 공동체 속에서 자신의 고유성을 유지시킬 수 있고 가치를 구현할 수 있다. 이것이 공동체주의자들이 내세우는 주장의 요체이다. 공동체주의에서는 공동체적 유대, 구성원에 대한 돌봄, 공공의 목적에 참여 하는 것 등을 공공선으로 여기고, 개인의 자유와 권리가 공공선보다 앞서지 않는다고 주장한다.

　공동체주의에 대한 개인주의의 반박은 분명하다. 공동체주의가 개별 집단의 가치와 역사를 절대화해서 전체주의로 빠질 위험이 있다는 것이다. 특정 공동체의 가치관을 전제로 하는 공공선이 보편적 사상으로서의 정합성을 담보할 수 있는지에 대한 의심은 타당한 지적이라 할 수 있겠다. 비록 양자가 이렇게 대립적인 면을 지니고 있기는 하나 둘은 동전의 양면과도 같은 성격이 있다. 마치 철학사에서 쾌락주의의 끝에서 스토아주의가 나타났던 것처럼 말이다. 스토아 철학에 가서 진정한 쾌락이란 마음에 요동이 없는 상태이고, 그것은 금욕으로 완성된다는 생각이 등장하지 않았던가. 쾌락이 금욕으로 이어졌던 것처럼, 개인주의와 공동체주의도 메비우스의 띠처럼 서로가 이어져있다. 이렇듯 개인주의와 공동체주의간 논쟁은 많은 이야기 거리를 던지고 있는데, 특별히 코로나19 상황에서 시민성에 대한 논의를 하는 과정에서 다시 부각되었다.

3. 팬데믹 시대 한국 개신교의 시민성

1) 불거진 시민성 논쟁

코로나19 창궐 이후 각 분야 전문가들의 코로나19에 대한 담론이 백가쟁명식으로 번져나가고 있다. 그중 내가 인상 깊게 접한 책은 지젝의『팬데믹 패닉』이다. 지젝은 코로나19를 세계화의 한계와 종말을 지시하는 징후적 사건으로 파악한다.[9] 자본의, 자본에 의한 전 지구적 재편은 국경의 해체와 지역과 문화의 차이를 해소시켜 하나 된 세상으로 나아가는 것 같으나, 그 과정에서 자본의 이익에 반하는 세력은 도태되고, 오직 자본의 논리만이 정언명법이어야 한다는 새로운 전체주의의 탄생을 야기 시켰다. 그 결과 오히려 시대가 거듭될수록 권위주의적 정

9 슬라보예 지젝/강우성 옮김,『팬데믹 패닉』(서울 북하우스, 2020), 19~20.

치체제는 강화되고, 상대적으로 시민의 힘은 약화되었다고 지젝은 지적한다.[10] 이런 부조리에도 불구하고 세계화를 저지할 수 있는 세력은 쉽게 등장하지 않았다. 그런데 도적같이 도래한 코로나19가 현 시스템에 대한 체질 개선 혹은 대안적 가치에 대한 과제를 제시하고 있다. 특별히 코로나19 방역을 계기로 부활하는 국가 권력에 맞서 개인을 수호하고자 하는 목소리는 코로나19 이후 사회구성과 공동체 운영을 둘러싸고 많은 토론거리를 던지고 있는데, 논의의 시작은 다음과 같다.

코로나19가 발병하자 서방 언론은 일제히 발원지로 중국 우한을 지목했다.[11] 그 후 중국은 전 국가적 동원시스템을 작동해 코로나19 확산 차단과 방역에 집중했는데, 어느 정도 소기의 목적을 달성했다. 중국이 국가주의에 입각한 강한 억제력으로 감염병의 심각성에서 벗어나고 있다고 판단될 무렵, 코로나19는 유럽과 북미에서 빠르게 번져나갔다. 그 틈에 중국은 코로나19 방역 성공을 자신들의 체제 선전 도구로 이용하는 모양새를 보였다. 자유민주주의보다 국가주의에 입각한 체제 통합적 시스템이 낫다는 내용이었다. 이러한 중국의 선전전에 맞서 서방은 중국에 대한 반론으로 한국을 내세웠다.

10 앞의 책, 35~44.
11 서방은 중국식의 국가주의적 폐쇄가 코로나19에 대한 대응에 있어 궁극적으로 옳지 않다고 비난했고, 지젝도 여기에 동참하면서 논쟁을 키웠다. 지젝은 단도직입적으로 묻는다. 도래한 코로나19 상황 속에서 국가주의 틀을 넘어 전 지구적 연대와 환대의 길을 택할 것인가 아니면 "각 나라가 자기 맘대로"(지젝, 『팬데믹 패닉』, 89)를 외치면서 차별과 배제와 혐오 정책을 유지할 것이냐 하고 말이다.

『워싱턴포스트』(3. 11)는 한국의 개방성과 투명성이 코로나19를 효과적으로 차단했다고 평가하면서, '민주주의가 코로나19에 맞설 수 있다는 걸 한국이 보여줬다'는 중국 견제성 보도를 내보냈고,[12] 서방의 다른 주요 언론들도 비슷한 논조로 'K 방역'을 높이 평가했다. 문제는 그 다음에 나타났다. 미국을 비롯한 이탈리아, 스페인, 프랑스, 영국 등에서 코로나19가 걷잡을 수 없게 확산되어 사망자가 기하급수적으로 늘어나기 시작한 것이다. 서방 언론의 스텝이 꼬이기 시작한 때가 그 무렵이었다. 'K 방역'이 민주적 개방성과 투명성, 높은 시민의식 때문에 가능했다라고 하면, 그런 가치들의 본고장이라 자부하는 유럽과 미국은 무엇이 되는가. 이때부터 한국을, 중국이 맹주로 있는 동아시아 문명, 유교 문명 속에 위치시켜 해석하려는 움직임이 등장했고, 프랑스 사회학자 기 소르망의 발언은 이러한 문제의식의 연장선상에서 출몰한 사건이었다.

　2020년 4월 27일 프랑스 한 주간지와의 대담에서 기 소르망은 한국의 코로나19 대처에 대해 다음과 같이 말했다. "유교문화가 선별적 격리 조치의 성공에 기여했다. 한국인들에게 개인은 집단 다음이다. 한국은 심한 감시 사회다."[13] 기 소르망의 발언에는 서방은 개방적이고, 국민들의 자유를 중시하며, 정부에 대해 삐딱하게 바라보는 근대적 시민의식이 뛰어나다는 우월감이 깔려있다. 방역에 비교적 성공적인 한

---

12 천관율, 「코로나19는 한국을 어떻게 바꾸어 놓았나?」, 『시사in』, Vol. 663(2020. 6. 2), 20-21
13 같은 곳.

국이나 중국 같은 유교 문화권에서는 권위주의, 집단주의, 개인보다는 공동체를 위한 희생의 논리가 강하다는 생각은 서구인들의 식민주의적 편견에 사로잡힌 일종의 집단무의식이 아닐는지.

이 논쟁을 통해 우리는 코로나19를 통해 귀환한 강력한 국가주의를 둘러싼 미묘한 온도차를 느낄 수 있다. 그리고 거기에는 공동체주의와 개인주의 갈등과 긴장, 고의적으로 동양을 열등한 타자로 바라보는 오래된 서구의 시선, 미국의 중국을 견제하려는 심리 등 많은 역학이 숨겨져 있다. 궁극적으로 코로나19 정국에서 국가주의의 도래와 관련해 우리가 물어야 할 것은 다음과 같은 사안이라 할 수 있다. 국가주의의 틀을 넘어 협력과 연대를 추구하는 지구촌공동체로 갈 것 인가? 아니면 "나부터 살고보자!"를 모토로 타자에 대한 배제와 차별을 더욱 강화하는 국가시스템으로 갈 것인가? 코로나19 시대를 맞아 우리는, 물론 바이러스의 정체를 묻고 따져야 하겠지만, 바이러스와 함께 살아가는 공동체의 현재와 미래를 근본적으로 다시 점검하고 상상해야 한다. 공동체끼리의 연대와 협력인지, 아니면 고립과 배제인지를 놓고 우리는 선택해야 한다.

이러한 문제의식을 갖고 코로나19 이후 개신교인 인식조사를 실시했다. 본 프로젝트는 코로나19 대유행이 사회 각 분야(정치, 경제, 생태/환경, 통일/안보, 사회/젠더, 신앙의 여섯 분야) 끼친 영향을 조사하고 분석하는 것인데 필자는 정치분야를 담당했다. 내가 정치분야에서 포커스를 두었던 쟁점은 K-방역을 지탱하고 있는 시민성을 추적하는 것인데, 그

중 개신교인에 집중했다. 시민성 연구의 쟁점은 개인주의와 공동주의 간의 길항관계, 권위주의와 순응주의, 민주주의와 개인, 그리고 자유와 정의, 그리고 평등에 대한 감각 등이라 볼 수 있다.

결론부터 말하자면 한국 개신교인은 공공의 이익을 우선시하고 중요하게 생각하지만, 그렇다고 개인의 권리와 자유를 소홀하게 취급하지도 않는 시민성을 지니고 있었다. 또한 그들은 사회적, 개인적 위기가 발생 시 개인윤리 차원에서 문제를 해결하려는 성향을 보였는데, 이는 긍정적으로 보자면 공동체를 소중히 생각하는 마음에서 비롯된 것이겠지만, 부정적으로 보면 체제와 권위에 대한 부조리의 문제에 예민하지 못하다는 반증이라는 의심이 드는 대목이다.

2) 공동체와 개인

공동체의 이익>개인의 이익

개인과 전체 문제는 오랫동안 이어져왔던 윤리학과 정치철학의 문제였는데, 코로나19는 그 화두를 우리들에게 소환했다. 코로나19는 알려진 바와 같이 전염성이 강하다, 반면 치사율이 높은 편은 아니다. 이런 감염병의 특성상 공중보건과, 사회적 관계, 방역 등의 문제가 개인의 건강보다 중요한 문제로 부각되었다. 코로나19가 개인의 이익과 공동체의 이익을 묻는 계기가 된 것이다. 인식조사는 코로나19가 창궐하고 K-방역이 비교적 성공적으로 이루어지는 상황 속에서 개신교인들을 상대로 사회의 이익이 개인의 이익에 우선해야 하는지에 대해 물었다.

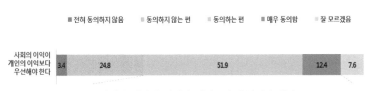

〈표 4〉 사회의 이익이 개인의 이익보다 우선해야 한다

'사회의 이익이 개인의 이익보다 우선해야 한다'는 물음에 동의(64.3%)라고 답한 비율이 비동의(28.1%)라고 답한 비율보다 2배 이상 높게 나타난 점은 개신교적 시민성의 기저에 공동체성에 대한 책임과 의무를 전제하고 있다는 증거라 할 수 있겠다. 이에 답안을 더 구체적으로 쪼개어 개인의 이익과 공동체의 이익이 충돌했을 때 선택의 우선순위에 대해 물었다.

개신교인의 57.4%는 '집단에 손해가 가지 않는 범위에서 내 이익을 추구한다'고 응답했다. 여기에 30대(65.1%)와 40대(63.1%)는 평균치를 웃도는 반응을 보였다. 다음 순위는 '나에게 손해가 가지 않는 범위 안에서 집단 이익 추구(27.9%)'하는 것이었다. 이에 답한 20대(36.9%)의 비율은 다른 세대에 비해 월등히 높았다.

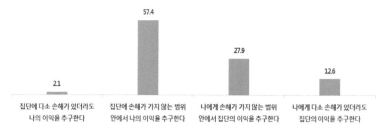

	57.4		
2.1		27.9	12.6
집단에 다소 손해가 있더라도 나의 이익을 추구한다	집단에 손해가 가지 않는 범위 안에서 나의 이익을 추구한다	나에게 손해가 가지 않는 범위 안에서 집단의 이익을 추구한다	나에게 다소 손해가 있더라도 집단의 이익을 추구한다

〈표 5〉 개인의 이익과 집단의 이익 상충 시 추구 방향

'집단에 손해가 있더라도 나의 이익을 추구한다'는 20대에서 평균치(2.1%)보다 2배 이상 높은 4.9%로 조사되었고, '나에게 다소 손해가 있더라도 집단의 이익을 추구한다'는 평균치(12.6%)보다 50대(17.9%)와 60대 이상(20.6%)에서 높게 나타났다. 전반적으로 공동체의 이익을 우선시 하지만 연령대별로 이익추구에 대한 입장이 뚜렷한 차이가 드러났다.

코로나19 감염이 두려운 이유에 대해서도 물었는데, 나의 확진으로 가족의 건강을 해치는 것(39.8%), 내가 속한 공동체의 건강을 해치는 것(33.7%), 나의 확진으로 모르는 타인의 건강을 해치는 것(13.5%)이 내 건강을 해치는 것(12.6%)보다 높게 나왔다. 한국 개신교인은 나보다는 나로 인해 가족 및 공동체에 해를 주는 것에 대한 두려움이 큰 것으로 나타났고, 이는 공동체 중심의 가치관이 개인주의 성향보다 우선임을 재삼 확인할 수 있었다.

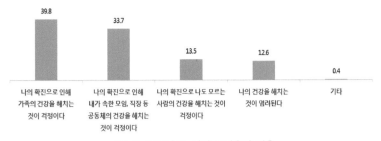

<표 6> 코로나19 감염 두려움의 이유

감염에 주의를 기울여야 하는 이유는 개인의 건강 때문이 아니라, 남에게 피해를 주지 않기 위함이다. 코로나19 상황의 특별함이란 여기서부터 시작된다. 개인 건강에 대한 염려, 질병에 대한 걱정보다는 공적 영역의 안전성 확보가 더 간절하고 시급한 문제로 부상한 것이다. 이것이 코로나19 이후 개신교인의 시민성을 엿볼 수 있는 첫 번째 요소가 아닐까 싶다.

개인의 권리와 자유

코로나19 방역 과정에서 드러난 과제는 공공재를 함께 만들어가고 보호하고 보존하는 것이다. 공동체가 함께 어떤 목표를 향해 마음을 모으고 참여하는 과정은 소중한 것이지만, 거기에는 개인의 자유와 권리에 대한 일정 부분의 희생을 담보로 하는 경우도 있다. 한국 개신교의 시민성을 가늠하는 두 번째 의제로 '개인의 권리와 자유'를 선정한 이유는 그래서였다. 마스크 미착용에 대한 처벌은 공공의 가치와 개인의 자유를 놓고 전개되었던 코로나19 상황 속에서 등장한 대표적 이슈였다.

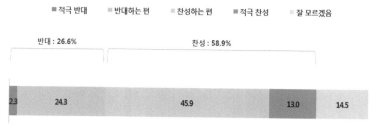

적극 반대　**반대하는 편**　**찬성하는 편**　**적극 찬성**　잘 모르겠음

반대 : 26.6%　　　　　　　찬성 : 58.9%

| 2.3 | 24.3 | 45.9 | 13.0 | 14.5 |

〈표 7〉 마스크 미착용 처벌에 대한 의견

마스크 미착용자에 대한 물음에서 40.6%가 '이기적'이라 생각하고, 30.9%가 '사회적 해악'이라고 답을 했지만, 30% 가까운 개신교인이 '그럴 수 있다'거나 '개인의 선택'이라는 반응을 보였다. 마스크 미착용자 처벌에 대한 의견도 찬성(58.9%)의 비율이 높지만, 26.6%의 개신교인이 반대의사를 분명히 했다. 1/3에 가까운 개신교인이 개인의 자유는 침해되어서는 안 되는 가치라는 점을 분명히 하고 있는 셈이다.

종합하면, 개신교인들은 본인 때문에 가족과 공동체에 피해가 갈까 하는 염려 때문에 방역지침을 잘 이행한다. 그들은 또한 국가의 의료/방역 시스템에 대한 신뢰도 절대적이다. '선진국 수준(23%)' 혹은 '선진국보다 한국의 의료시스템이 우수하다(71.9%)'고 평가하고 있는 것을 보면 말이다. 개신교인들에게 마스크 미착용자가 문제인 이유는 본인의 몸을 돌보지 않아서가 아니라 다른 사람들 위험하게 만들어서이다. 공동체의 안녕을 위해 기꺼이 개인의 불편을 감수하고 희생하려는 측면이 한국의 개신교인들에게는 존재한다.

그럼에도 불구하고 마스크 미착용 처벌에 대한 의견에서 보듯이 공권력의 강제에 대해서는 40%가 넘는 개신교인들이 동의하지 않는 것으로 나왔다. 여기에 한국 개신교도들이 지닌 시민성의 미묘함이 있다. 그들은 공동체성을 중시하는 시민인 동시에 개인의 자유에 대한 가치도 존중하는 시민인 것이다. 이러한 경향은 다양성을 묻는 인식조사를 통해서도 확인되었다.

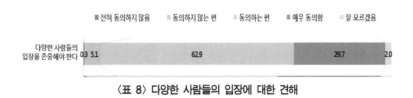

〈표 8〉 다양한 사람들의 입장에 대한 견해

한국 개신교인들은 '다양한 사람들의 입장을 존중해야 한다'는 의견에 92.6%가 동의했다. 공동체성을 강조하는 의식의 기저에는 집단의 이익을 위해 개인의 자유에 대한 요소를 제한 할 수 있음이 깔려있고, 최대다수의 최대행복을 위해서는 안타깝지만 셈해지지 않는 부분에 대한 과감한 정리도 배제하지 않는다. 하지만, 코로나19 정국에서 드러난 한국 개신교인의 시민성은 공동체의 이익과 안녕을 위해 노력하지만, 개인의 자유와 권리에 대한 문제, 다양한 타자에 대한 관심과 배려 문제도 외면하지 않는 폭넓은 품을 지닌다.

3) 개인윤리와 사회윤리의 부조화

대타자의 결핍을 인정하지 않는 한국 개신교

한국 개신교의 시민성을 둘러싼 마지막 관전 포인트는 개인윤리와 사회윤리 사이에 발생하는 부조화이다. 코로나19의 발생과 이에 대응하는 K-방역의 성공을 바라보는 개신교인들의 마음은 공동체 우선주의, 국가에 대한 신뢰성 고양, 국민적 자긍심 고조 등으로 요약할 수 있을 것이다. 이것은 긍정적으로 코로나19를 극복하는 기재로 작동할 수 있겠으나, 사회 문제의 원인을 근본에서부터 바라보지 못하도록 하는 원인으로 작동할 수 있다. 구조의 문제를 개인의 문제로 왜곡시킬 수 있다는 말이다. 단적인 예로 가난의 책임에 대해 가난은 사회의 문제인가, 아니면 개인의 문제인가? 개신교인들은 '개인의 책임(45.2%)'으로 가난의 원인을 지목하는 비율이 가장 높았다. '사회의 책임이 크다'는 비율은 35.2%, '잘 모르겠다'는 19.6%로 나왔다. 가난을 극복할 수 있는 방법에 대해서도 물었는데 결과는 표⟨9⟩와 같았다.

근면/성실한 노력(61.6)→자기계발(51.8)→)공평한 조세 제도 마련 순으로 가난극복 방법의 순위가 정해졌다. 연령이 높을수록 근면/성실이 높았고(60세 이상 83.1%,) 젊은 세대일수록 근면/성실(20대 52.5%, 30대 51.1%)의 비율이 낮았다. 경제발전을 이룬 산업화 세대와 IMF 이후 세대 사이의 현격한 인식차가 드러나는 대목이다. 하지만 개신교인 20대와 30대 역시 강도는 기성세대에 비해 약하지만 가난 극복을 개인 문제로 돌리는 경향이 짙었다.[14]

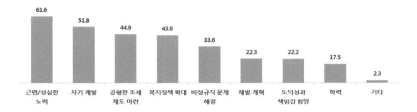

〈표 9〉 가난을 극복할 수 있는 방법15

　　앞선 인식조사 결과를 분석하면서 한국 개신교인들은 공동체 우선주의, 공동체의 안녕을 위해 자신을 희생할 줄 아는 면모를 드러내보였다. 하지만 사회문제는 개인의 희생과 인내만으로 극복이 안 되는 경우가 많다. 사회구조적 모순, 퇴행적 시스템이 변화하는 세상과 시민의식을 따라잡지 못해 발생하는 문제이다. 인식조사 결과에 나타난 한국 개신교들의 사회적 문제에 대한 진단과 해결 방법은 대타자(사회, 교회, 국가)는 완전하다는 전제 아래 주체가 결핍되어 일어나는 현상들이다. 사회문제를 개인윤리 차원으로 축소해 환원할 수 있는 위험이 있는 대목이다.

　　이는 자아심리학의 치료방법을 상기시킨다. 자아심리학에서 치료란 분열된 주체를 정상적으로 사회생활을 할 수 있도록 되돌려 보내는

14　20대 근면/성실한 노력(52.5)→복지확대(50.7)→공평 조세(49)→자기계발(45.5)
　　30대 공평 조세(55.6)→자기계발(54.7)→근면/성실한 노력(51.1)→복지확대(39.8)
　　40대 근면/성실한 노력(61%)→공평조세(48.2)→자기계발(48.1)
　　50대 근면/성실한 노력(64.4)→자기계발(50.6)→복지확대(44.7)
　　60대 근면/성실한 노력(83.1)→자기계발(63.3)→복지확대(37.7)
15　앞의 책, 30.

것이다. 여기에는 사회는 완벽하고 주체는 결핍이 있고 부족한 주체라는 전제가 깔려있다. 하여 자아심리학에서 치료란 세계와 사회는 완벽하다는 가정 하에 그에 적응하지 못하는 주체를 사회로 복귀시키는 것이 된다. 하지만 주체가 돌아갈 대타자 사회가 정상이 아니라면 어떻게 되는 것일까? 여기서부터 현대사회 시민성의 난제라 할 수 있는 개인윤리와 사회윤리 사이의 갈등이 시작된다.

개인윤리 대 사회윤리

인식조사 결과에서도 밝혀졌듯이 한국 개신교도들이 어떤 문제에 봉착했을 때 드러내 보인 시민적 실천 덕목은 '근면/성실한 노력'이었다. 이를 윤리–도덕적 표현으로 전환하면 '도덕적 실천'이라 부를 수 있을 것이다. 근대적 인간관에서 도덕적 행위의 주체인 개인은 '하늘에는 별이 빛나듯 내 마음에는 도덕율이 빛난다'[16]는 칸트식 정언명법을 숙명으로 알고 묵묵히 자신의 도리를 다하는 엄숙한 주체였다. 칸트 이후 개인과 공동체의 문제, 개인윤리와 사회윤리 사이의 긴장은 윤리학의 전통적인 테제가 되었다.

니버의 『도덕적 인간과 비도덕적 사회』는 윤리가 지니는 이러한 난제를 심도 있게 다룬 책이다. 도덕적으로 훌륭한 개인들이 모여 사는 사회가 왜 불행한가? 왜 비도덕적인 사회가 되는가? 니버는 개인윤리와 사회윤리 간의 갈등을 인지하고 다음과 같이 말했다 "개인의 도덕

16 칸트/백종현 옮김, 『실천이성비판』(파주 아카넷, 2019), 271.

적, 사회적 행위는 사회집단 — 민족 집단이건 인종 집단이건 경제 집단이건 — 의 도덕적, 사회적 행위와 엄격하게 구별되어야 한다."[17] 니버가 이렇게 말한 이유는 개인은 근면, 성실할 수 있으나, 그들이 속한 공동체는 집단이기주의로 빠질 수 있음을 경고하기 위해서였다 "모든 인간 집단은 개인과 비교할 때 충동을 올바르게 인도하고 때에 따라 억제할 수 있는 이성과 자기 극복 능력, 그리고 다른 사람들의 욕구를 수용하는 능력이 훨씬 결여되어 있다. 게다가 집단을 구성하는 개인들이 개인적 관계에서 보여주는 것에 비해 훨씬 더 심한 이기주의가 모든 집단에서 나타난다."[18]

니버는 집단과 개인 간의 힘과 권력의 문제에서 발생한 모순과 균열은 조정과 타협의 대상이 아님을 분명히 했다. 구조적 힘의 불균형을 방치한 채 이루어지는 개인의 도덕적 실천은 오히려 잘못된 체제를 강화하는 기제가 될 수 있기 때문이다. 이런 이유로 니버는 "정치적 힘에 대한 정의"[19]를 강조한다. 니버의 제안으로부터 사회윤리학이 등장한 셈이고, 개인윤리와 사회윤리 간의 조화와 타협이라는 현대 시민사회 윤리의식이 비로소 등장했다.

니버의 시각에서 볼 때 인식조사 결과에 드러난 한국개신교의 시민의식은 개인윤리에 입각한 무력한 공동체의식을 지닌다. 나의 가난

---

17 라인홀드 니버/이한우 옮김, 『도덕적 인간과 비도덕적 사회』(서울 문예출판사, 2004), 9.
18 앞의 책, 10.
19 앞의 책, 273.

은 나의 게으름과 노력 부족과 자기계발을 하지 못한 무능에서 비롯된 것이다. 하지만 현실의 사회는 그렇지 않다. 아무리 노력해도 아무리 자기계발을 해도 이미 기울어진 운동장에서 뛰는 육상경기처럼 좀처럼, 아니 이제는 절대로 성실한 노력만으로 꾸준한 자기계발로 인생을 역전시킬 수 있는 세상이 아니다.

결론적으로 나는 인식조사에서 드러난 가난의 원인과 가난 극복방법에 대한 개신교인의 대답을 통해 한국 개신교인들의 소극적 시민의식을 느낄 수 있었다. 집단의 모순과 부정의를 정직하게 대면하지 않고 개인의 무능과 부족으로 문제를 환원시키기 때문이다. 그것은 어쩌면 진실에 대한 억압이고 문제의 해결이 아닌 외면이다. 그렇다면 그것은 공동체에 대한 잘못된 사랑이다.

4) 요약

2020년 정치 분야 한국 개신교인 인식조사 결과를 요약하면 이렇다. 공동체 우선주의를 바탕으로 하지만 개인의 자유와 권리에 대한 배려에도 한국의 개신교도들은 배려를 한다. 집단주의 대 개인주의, 권위주의 대 자유주의 같은 이분법에 포획된 것 같지만 그것만으로 잡히지 않고 미끄러지는 잉여의 지점에 한국의 개신교인들은 위치한다. 또한 한국 개신교도들은 좋은 공동체를 꿈꾸지만, 그 안에 있는 구성원들은 자유롭고 평등한 개인이기를 소망한다. 여기까지가 겉으로 드러난 긍정적 한국 개신교인들의 모습이 아닐까 싶다.

하지만 그들은 정작 위기가 닥치면 체제와 시스템 뒤로 숨어버린다. 공동체의 모순이 있어도 애써 외면하고 현재의 불행을 개인의 무능과 불성실로 돌려버린다. 어떤 연유에서 인지는 모르겠으나 한국의 개신교인들은 겸손이 지나쳐 자기부정의 단계로까지 나아가고 있는 것이 아닌가, 라는 생각도 들었다. 이것은 악의 문제와 고통 문제를 바라볼 때 구조와 체제의 모순을 가리고 개인윤리 차원으로 환원시키는 역할을 한다.

이러한 경향이 개신교 일반의 특징인지, 아니면 한국개신교에서 유독 도드라지는 것인지에 대한 비교연구가 선행될 필요를 느낀다. 한국에 개신교가 전래되는 과정, 씨앗을 뿌리고 발전하는 과정, 특별히 해방 후 냉전 이데올로기와 결합하면서 숭미와 반공이 개신교 내에서 과대 대표된 연유를 따져야 할 것이다. 또한 신자유주의가 보편적 질서로 확립된 21세기 한국 개신교의 물신적 경향도 주목해야 할 사항이다. 이 부분은 앞으로의 연구과제로 남겨둔다.

본문 마지막 장에서 내가 다루고자 하는 것은 한국 개신교의 시민성에 대한 윤리적 비평에 관한 내용이다. 코로나19 이후 한국 개신교인의 정치의식을 조사하면서 나는 개인윤리 차원에서는 철저하나 사회윤리 차원에서는 부족한 한국 개신교의 시민성에 대한 윤리적 진단을 내릴 필요를 느낀다.

4. 팬데믹 이후 시민성의 새 경향

1) 언택트 사회, 언택트 문화

코로나19 이후의 세상에서 인류는 강제된 선택의 상황으로 몰리고 있다. 분명한 것은 그 과정에서 많은 사람들이 지워지고 도태되어 고통의 한복판으로 몰릴 것이라는 것, 그리고 그 파장이 종전보다 광범위하고 상흔 또한 깊을 것이라는 파국의 전망은, 그것의 진위 여부를 떠나 이미 번져버린 코로나19 묵시록이 되어버렸다. 내가 도모하고자 하는 것은 코로나19 상황 속에서 새롭게 신학적 인간학과 기독교 윤리학을 정초하는 것이고, 그 밑바탕에는 타자에 대한 해석학이 깔려있다.

코로나19 시대 타자론은 Untact(비대면)에 대한 비판적 읽기로부터 시작된다. Untact는 코로나19가 탄생시킨 신조어는 아니다. 첨단 테크놀로지 정보화시대와 소비자본주의가 결합되기 시작할 때부터 등장했던 용어가 Untact이다. 그것의 핵심은 연결connection은 있으나 작용interaction과 소통communication이 생략되어 있다는 점이다. 인격적 상호작용과 접촉이 없어도 관계는 가능하다는 논리가 내부에 깔려있고, 그것이 21세기 상품의 구입과 소비에 대한 보편적 유통방식으로 자리 잡았다. 이를 21세기 자본은 사람중심이라고 호도하고 있다.[20]

20 양권석, 「코로나 이후 세계와 교회」, 『바이러스, 팬데믹, 그리고 교회』(서울 대화출판사, 2022), 138-139.

일찍이 지젝은 21세기 자본이 조성한 Untact를 기반으로 한 문화를 자유주의적 다문화주의라 지적한 바 있다.[21] 자기만의 방에 갇힌 개체들은 인터넷 공간을 통해 세상과 이어져 있기에 만나지 않고도 느슨한 수평적 연대를 이룰 수 있게 되었다. 하지만 거기까지다. 연결되어 있기에 자기가 다 알고 있다고, 그래서 자신이 진보적이라고 착각한다. 바로 이점이 문제의 본질을 바로 보지 못하는 요인으로 등장했다.

Untact에 기반한 문화가 사회문제에 대한 적극적 개입과 체제를 향한 저항, 즉 체제에 대한 수직적 적대를 가로막는 장애물이 되고 있다. 지젝은 그것을 21세기 자본이 기획한 고도의 전략임을 꿰뚫었다. 누구나 이제는 맑스주의와 페미니즘과 퀴어이론 등 진보적 사상을 알지만, 그것이 아이러니 하게도 전혀 위험하지가 않다. Untact 문명은 고도로 발달한 자본주의가 자유주의적 다문화주의라는 미명 아래 이미 한세대 전부터 지구촌에 유포시킨 바이러스였던 것이다. 나는 지난 세기 동안 진행되었던 지구적 자본이 이룩한 업적이 Untact 문화에 기반한 타자에 대한 영지주의화 과정이었다고 판단한다. 타자의 고통을, 이웃의 아픔을 현실에서 분리해 가상공간으로 밀어내 거리를 둔 채로 관조하는 우리들, 물론 우리는 그런 현실에 아파하고 분노하고 함께 인터넷 공간에서 목소리를 내지만, 거기까지가 우리가 할 수 있는 진보적 행위의 끝이다.

---

21 슬라보예 지젝/이현우 외 옮김, 『폭력이란 무엇인가』(서울 난장이, 2011) 중 5장 「관용은 이데올로기다」(138~244)를 참조하라.

코로나19 시대 Untact 문화는 낯선 것 같지만 익숙한 새로움이다. 그리고 그것이 마지막으로 당도한 곳이 교회다. 세상의 모든 분야는 Untact에 익숙해져 있다. 하지만 코로나19 전까지 교회는 Untact보다는 tact(대면)적 관계가 우위를 점하고 있었던 공간이었다. 이 말은 반대로 말하면 21세기 자본이 이룩한 Untact 문명은 교회를 제외한 모든 영역에서 승리를 거두었다는 말이고, 이제 유일하게 남은 Untact의 대상은 교회라는 뜻이기도 했다. 그런 교회의 신화가 코로나19로 붕괴되는 현실을 우리는 직면하고 있다. 코로나19 바이러스 때문에 Untact를 강요당하는 현실 속에서 교회의 대응법은 자본의 확장을 통해 번져나간 Untact 문명의 그것과는 달라야 한다. 자본의 목소리가 증가하면서부터 사람들은 타자를 대상화하고 타인의 고통을 나와 관계없는 현상으로 거리를 두기 시작했는데, 교회마저 그렇게 반응한다면 인간은 어디에 희망을 두겠는가.

2) 지젝의 분석과 대안

이렇듯 코로나19는 많은 고민거리를 우리들에게 던져주었다. 생태적인 문제에서부터, 빈부격차의 문제, 의료체계를 비롯한 전반적인 사회시스템의 문제에 이르기까지 현재 지구촌의 모든 잠재적 문제들이 코로나19로 인해 전면적으로 수면 위로 부상하게 된 것이다. 그런 과정에서 나는 여러 가지 사회적인 이슈들을 떠올릴 수 있었고, 그 모든 질문들을 하나로 엮는 본질적인 질문이 '우리에게 타자란 누구이고, 왜 타자가 문제적인가'라는 질문이라고 생각했다.

타자 문제가 시대적 화두가 된 까닭은 여러 차원에서 설명이 가능하겠지만, 1990년대 이후 본격적으로 전개되기 시작한 신자유주의의 전 지구적 발호와 연관이 있다. 자본에 의한 전 지구적 재편이 진행되면서 자본은 무소불위의 권력을 지닌 채 자유롭고 경쾌하게 인간이 만든 국경과 경계와 한계를 넘어 자유롭게 돌아다니기 시작했다. 자본의 흐름을 따라 사람들이 떠다니기 시작했고, 사람을 따라 그들의 언어와 문화와 종교가 역시 함께 이동한다. 그 과정에서 긴장이 발생하는 것은 당연했다. 내 안으로 들어온 이질적 요소에 대해 우리는 어떻게 대응해야 하는가? 혹은 반대로 내가 이방지역으로 흘러가 누군가에게 타자적 존재로 인식될 때 느끼는 불안과 공포를 나는 어떻게 감내해야 하는가? 이것이 타자 문제가 21세기 시대의 화두로 부상하게 된 이유이다.22

자본의 흐름을 타고 흘러 다니던 타자성의 문제가 유령과도 같은 바이러스를 타고 다시 귀환했다. 코로나19는 타자의 부상과 도래한 타자에 대한 환대라는 오늘의 문제와 시대의 요청을 더 이상 미루거나 연기할 수 없는 막다른 사건이 되었음을 선언한 엄중한 사건이 되었다. 무엇보다 코로나19를 통해 깨달을 수 있던 타자성과 관련된 통찰은 인

---

22 아래 소개하는 환대에 대한 데리다 논의를 참조하라. 데리다/문성원 옮김, 『아듀 레비나스』(서울 문학과 지성사, 2016); 데리다/남수인 옮김, 『환대에 대하여』(서울 동문선, 2004); Jacques Derrida, *Deconstruction in a Nutshell*(New York Fordham University Press, 2013); Jacques Derrida, "Hospitality, Justice and Responsibility A Dialogue with Jacques Derrida", in *Questioning Ethics Contemporary Debates in Philosophy* (New York Routledge,1998).

류가 공동운명체라는 사실이다. 지젝은 마틴 루터 킹 목사의 말을 인용하면서 이렇게 적고 있다 "모두 다른 배를 타고 왔을 수는 있겠지만, 우리는 지금 같은 배에 타고 있다"[23] 그리고 지젝은 묻는다. 국가주의 틀을 넘어 전 지구적 연대의 길을 택할 것이냐, 아니면 "각 나라가 자기 맘대로"를 외치면서 차별과 배제와 혐오의 정책을 유지할 것이냐 하고 말이다.[24] 지젝 말대로라면 어쩌면 우리가 적대해야 할 대상은 바이러스가 아닐지 모른다. 차별과 배제 논리로 바이러스 확산을 재촉하는 현 사회의 시스템 앞에서 우리는 가열차게 적대와 혐오를 선언해야 하지 않을까.

그렇다면 코로나19가 주는 교훈은 바로 이것이다. 세상은 이데올로기와 성과 계급과 문화와 종교와 자본에 따라 나누어져 있고 분리되어 있지만, 코로나19는 우리들에게 인간이 만든 모든 차이와 구분은 한낱 바람에 날리는 겨와 같다는 것을 일러주는 것 같다. 중세 페스트가 교황과 왕과 봉건영주와 신부와 평민과 노예들에게 가리지 않고 번져나갔듯이, 코로나19 역시 선진국, 후진국, 계급, 인종, 국가 가리지 않고 똑같이 퍼져나갔다.

이렇듯 코로나19 현상학은 우리로 하여금 인간은 타자적 존재라는 사실을 명확하게 각인시켰다. 인간이 타자적 존재라는 것은 인간이란 상호 주체적, 상호 의존적이라는 말이고, 함께 더불어 살 수밖에 없는

---

23 지젝/강우성 옮김, 『팬데믹 패닉』(서울 북하우스, 2020), 31.
24 앞의 책, 89.

약하고 연약한 존재한다는 말이다. 코로나19를 경험하면서 철학적 혹은 문학적 수사로만 알았던 인간이란 타자적 존재라는 사실을 우리는 지금 값비싼 댁를 치루면서 경험하고 있는 셈이다.

5. 나가는 말: 환대에 관하여

팬데믹 시대 환대를 이야기하는 순간 기독교 사회윤리학자로서 예수와 바울이 생각나는 것은 당연하다. 예수는 사회적 멸시와 괄시를 받았던 병자들(혈루병, 장님, 앉은뱅이 등), 세리와 손가락질 당하는 여인들, 그리고 어린이들을 누구보다 환대했다. '사마리아인의 비유'와 '최후의 심판 비유'는 예수가 지녔던 절대적 타자성이 가장 극명하게 드러난 사건이었다. 구원의 조건으로 타자에 대한 적극적 환대를 거론했기 때문이다. 바울이 전파한 그리스도교가 성공을 거둘 수 있었던 요인 역시 타자를 경계 밖으로 위치시켰던 닫힌 종교가 아니라, 막힌 담을 허물고 이방인과 종과 여자와 할례받지 않았던 타자를 적극적으로 환대한 종교였기에 가능했다.

본회퍼는 '하나님은 누구인가'라는 질문에 예수그리스도와의 만남을 이야기하면서 예수를 "타자를 위한 존재"[25]로 정의한다. 신은 우리와 상관없는 곳에 유아독존적으로 군림하는 신이 아니라, 세상을 향해 자기를 드러내고 타자를 향해 자신을 투신하는 신이다. 신의 이러한 특징은

25 Dietrich Bonhoeffer, *Letters & Papers From Prison*(New York Macmillan Publishing Co, 1972), 381.

서로 다른 신앙전통에 있던 레비나스의 그것과도 공명했다. 윤리가 현실문제에 대한 인간의 실천과 구체적 행위와 관련된 것이라면, 타자를 위한 행위, 즉 윤리로부터 레비나스는 신을 사유할 수 있다고 믿었고,[26] 한 발짝 더 나아가 신은 나에게 윤리적 행위를 요청하는 이방인, 과부, 고아 등 구체적인 타자의 얼굴로 드러난다고 말한다.[27]

환대는 바울을 연구하는 현대 좌파 철학자 바디우에 의해 21세기 정치철학적 테제로 전환되었다. 바울에 의해 전파된 복음이 그어놓은 분할선은 로마제국이 설정한 법과 달랐다. 제국의 법은 로마와 식민지를 갈랐고, 자유인과 종, 시민과 유민을 명확하게 구분한다. 그것을 현대적으로 말하면 이성애자와 성소수자일 수 있고, 정규직과 비정규직, 국민과 난민이다. 하지만 바울에 의하면 이러한 구분과 차별은 그리스도인 예수 안에서 모두가 하나다. 새로운 분할선이 선포된 것이다. '제국의 법'에서 '그리스도'라는 법으로, '자본의 법칙'에서 '그리스도의 명령'으로 말이다. 이것이 사건이고 그 사건을 감행하는 자가 바로 주체다.

바디우는 주체가 지니는 사유에 대해 다음과 같이 적는다 "사유는 그것이 다른 모든 타자들에게 말을 건넬 때만이, 그러한 말 건넴 속에서 힘으로서 실행될 때만이 보편적일 수 있다."[28] 이제 타자와 대화하

---

26 레비나스/김도형 외 옮김, 『신, 죽음, 그리고 시간』(서울 그린비, 2013),203.
27 레비나스/강영안 옮김, 『시간과 타자』(서울 문예출판사, 1996), 77.
28 알랭 바디우/현성환 옮김, 『사도바울』(서울 새물결, 2008), 210.

II. 팬데믹 시대 종교사회학: '코로나19' 공간에서 펼쳐지는 시민성에 대한 ~ **85**

는 기술을 중심으로 새로운 관계가 형성되었고, 그것을 기준으로 세상 질서는 뒤바뀐다. 바울은 이를 아래와 같은 문구로 짧지만 강렬하게 정리한 바 있다 "여러분은 이 시대의 풍조를 본받지 말고 생각을 새롭게 함으로써 변화하십시오"(롬, 12:2).

코로나19의 전 세계적 창궐을 통해 인류는 우리시대 취약한 지역이 어디고, 연약한 계층이 누구인지를 명확히 깨달을 수 있었다. 사회적 약자들과 경계 밖 타자들이 코로나19에 무방비로 노출되면서 감염으로 연결되고 죽음으로 이어졌다. 코로나19 이후 새로운 시민성을 정초하려는 우리는 물론 바이러스와의 대결에도, 코로나19의 원인이라 할 수 있는 기후 위기와 생태정의를 위한 부분에도 신경을 써야겠지만, 근본적으로 타자 본위의 생활신앙을 어떻게 모색해야 할는지에 대해 노력을 경주해야 하리라 본다. 이것을 나는 개인윤리에 입각한 소아적 신앙생활을 넘어 대승적 생활신앙으로의 전환이라 말하고 싶다.

구체적으로 그것은 코로나19로 신음하는 이름 모를 타자들의 목소리에 응답하는 것이고, 코로나19에 취약한 계층들에 대한 포기와 방치가 아니라 더불어 함께 책임을 지는 것이다. 그리고 코로나19와 사투를 벌이는 공간으로 다양한 연대와 기도로 동참하는 것이다. 결론적으로 코로나19 시대 개신교의 시민성이 있다면, 그것은 코로나19로 신음하는 이름 모를 타자를 향한 환대와 연대를 감행하면서 '타자를 위한 존재'로 거듭나는 것이다. 이것이 코로나19 이후 시민들이 지녀야 할 덕목이고, 그것이 바로 새롭게 선포되는 실천이성이다.

III

팬데믹 공간에서의 윤리학:
혐오 극복의 윤리학

1. 들어가는 말

코로나19는 우리 삶의 모든 부분에 충격과 전율을 선사했고, 앞으로도 그 영향력이 어느 정도일지 가늠이 되지 않는다. 특별히 코로나19를 통해 드러난 타자에 대한 배제와 혐오의 문제는 국내외적으로 심각한 사회문제가 되고 있다. 코로나19 방역과 백신 확보 과정에서 드러난 자국 이기주의는 다른 국가와 민족을 배제하는 국가주의를 강화시켰고, 그것은 북미에서 아시안 혐오라는 극단적 형태로 나타났다. 국내에서도 코로나19 전개 과정에서 특정 집단(신천지, 동성애자)을 혐오의 대상으로 몰아가는 문제들이 발생했다. III장은 이러한 문제의식에서 출발했다.

본론은 크게 세 부분으로 이루어져 있다. 우선 코로나19를 둘러싼 혐오의 현상학을 살필 것이다. 코로나19 이후 미국과 한국에서 등장하는 혐오 현상들에 대한 분석을 한 후에 무엇이 그것을 가능하게 했는지에 대한 논의를 전개한다. 본론의 두 번째와 세 번째 장에서는 타자의 윤리학을 대표하는 유대계 철학자 레비나스와 기독교 신학자 본회퍼를 초대해 코로나19와 더불어 도래한 혐오의 시대를 거슬러 올라가는 타자의 윤리에 대한 지혜를 도모하고자 한다.

코로나19는 지나간 것처럼 보인다. 하지만 비슷한 인수공통감염병은 앞으로도 계속 출몰할 것이라고 전문가들은 예측한다. 그때마다 감염병의 원인을 둘러싼 책임공방이 등장하고 그때마다 지금처럼 배제와 혐오의 메커니즘이 등장할 수 있다. 혐오에 맞서고, 혐오를 넘어가는 장치가 필요한데, 나는 윤리학이 그 역할을 담당할 도구라고 생각한다. 그래서 이 장의 제목에 '혐오 극복의 윤리학'이라는 말을 달았다.

2. 팬데믹 공간에서 출몰한 혐오

1) 미국 내 아시안 혐오

우선 미국 내 코로나19 전파 과정에서 등장한 타자에 대한 혐오증상이라 할 수 있는 아시안 혐오에 대해 살펴보도록 하겠다. 코로나19의 발생지로 중국 우한이 지목되자 미국 트럼프 대통령은 2020년 3월 16일 코로나19를 '중국 바이러스chinesevirus'라 지칭했다. 그 후 트럼프는 미국 대선 정국에서 지지층을 결집시키고, 코로나19의 위기가 현 정권의 문제가 아니라 중국 탓이라는 혐의를 씌우고자 코로나19를 '차이나 바이러스'와 '쿵플루Kung Flu(쿵푸와 플루 합성어)'라고 칭하면서 유세를 이어갔다. 나는 그것이 코로나19 바이러스보다 더 위험한 혐오 바이러스가 전파되는 과정이었다고 생각한다.

미국 오클라호마 대학 정치학과 국승민 교수는 트럼프의 중국 바이러스 발언과 미국 내 아시안 혐오 사이 관계를 다음과 같이 분명히 증언한다. "트럼프가 중국과 코로나19를 연계해 트위터에 트윗을 올릴 때마다 4시간 내에 C로 시작하는 단어(Chink: 아시아계를 비하하는 단어)를 사용한 인종차별적 트윗이 미국 전역에서 20% 이상 증가했다. 트윗만 증가한 것이 아니었다. 트럼프의 트윗을 혐오범죄 자료와 연계해 살폈다. 트럼프가 중국과 코로나19를 연계한 트윗을 한 개 더 보낼 때마다, 같은 날 아시아계 혐오범죄 신고 건수는 8% 증가했다."[1]

아시아인 증오범죄 사례를 수집해온 단체 'Stop AAPI Hate(아시아태평양계 혐오를 멈춰라)'의 보도에 의하면, 트럼프의 '중국 바이러스' 발언 이후 2020년 한 해 동안 아시아인을 표적으로 한 혐오폭력이 코로나19 이전보다 2배 이상 증가했다고 한다. 보고에 의하면 2020년 3월부터 2021년 3월까지 6,600건 이상의 아시아인 혐오 피해보고가 접수되고, 특히 아시아 여성에 대한 혐오범죄는 아시아 남성의 그것보다 2.2배 많았다.[2]

1 국승민, 「미국 내 아시안 혐오 한국 내 중국인 혐오」, 『시사in』, vol. 707(2021. 4), 59.
2 https//stopaapihate.org/aapi-women-and-girls-report/(최종검색일 2023. 12. 31)

코로나19 이후 미국 내 아시안 혐오범죄의 심각성을 불러일으킨 사건이 발생했다. 2021년 3월 16일 미국 남부 애틀랜타의 마사지와 스파 업소에서 발생한 아시안 여성을 타겟으로 한 총기사건이었다. 백인 로버트 애런 롱은 한국계(4인), 중국계(2인) 여성을 한 시간 동안 세 군데 업소를 돌며 살해했다. 이 사건은 미국 내 아시안 혐오의 심각성을 상기시켰다. 이보다 더 확실하고 결정적인 아시안 혐오 사건이 보름 후인 3월 31일 발생했다. 뉴욕 시내를 걸어가던 자그마한 아시아계 여성이 우람한 흑인 남성에서 일방적으로 폭행당한 사건인데, 놀라웠던 것은 사건이 벌어지는 거리에 위치한 빌딩의 보안요원이 출입문을 닫고 유유히 그 장면을 목도하는 것이 CCTV 화면에 잡혔다. 피해자는 당시 상황을 복기하면서 가해자로부터 "너는 미국에 속하지 않는다, you don't belong here"는 혐오발언을 들었다고 한다.[3]

코로나19 이후 등장한 혐오 현상학을 분석하면서 누스바움Martha C. Nussbaum은 두 가지 형태로 혐오를 분류한다. 하나는 자연적 혐오라고 말할 수 있을 텐데 배설물, 체액, 시체 같은 원초적 대상에 대한 혐오이고, 다른 하나가 문화적 차원의 혐오로 누스바움은 "투사 혐오projective disgust"라고 부른다.[4] 우리가 주목해야 하는 것은 후자다. 원초적 대상에 대한 혐오가 특정 집단, 인종, 젠더, 계급에게 전이된 투사 혐오

3 이세영, 『조선일보』(2021. 3. 30), 「맨해튼 거리서 짓밟힌 아시아 여성. …… 보안요원은 문을 닫았다」. https://www.chosun.com/international/international_general/2021/03/30/4EN5KUFXSVDOLBGDYUI3JJKDIE/(최종검색일, 2023. 12. 31)
4 누스바움, 「혐오와 사랑: 새로운 정치의 가능성은 어디서 오는가?」, 『오늘로부터의 세계』 (서울 미디어리서치,2020), 126.

는 사회적 재난과 위기가 닥칠 때 그 원인을 사회구성원에게 돌린다. 바이러스의 숙주를 사회 구성원 중 약하고 힘이 없고 퀴어queer한 존재로 규정하고 그들을 희생양으로 만들어 사회적 불만을 해소하는 수법을 취하는데, 아감벤Giorgio Agamben은 그런 존재들을 "호모 사케르Homo sacer"5라고 칭했다. 그들은 서구 역사의 전개과정에서 사회가 혼란에 빠졌을 때 권력에 의해 호명되어 사라진 희생양, 마녀사냥 대상이었다.

누스바움은 코로나19 상황에서 투사 혐오로서 미국 내 아시안 혐오가 강화되었다고 지적한 후에 그것이 그동안 가려져 있던 미국 사회의 진면목을 성찰케 하는 계기로 작동한다고 말한다. "이는 지난 20여 년 동안 두드러지지 않았던 혐오입니다. 전에는 이렇게까지 심각하지 않았어요. 미국 대통령이 이[아시안 혐오]를 부추기고 있다고 봅니다. 반면에 지금의 위기 속에서 어떤 편견은 오히려 현실을 여실히 보여주면서 편견과 혐오가 사회에 미치는 부정적인 영향에 대해 대중들이 의문을 갖고 비판하도록 작동하고 있습니다."6 누스바움은 코로나19가 투사혐오가 작동하는 통로가 되는 것처럼 보이나, 결국에는 코로나19 상황이 인간의 연약함을 깨닫는 계기가 되어 서로 간 연민과 자비 같은 사랑의 감정이 혐오를 극복할 대안임을 깨닫게 되리라 기대한다.7 이상

5 호모 사케르는 누군가에게 죽임을 당하거나 폭력을 당하거나 혐오 대상이 되어도 가해자가 죄를 받지 않는다는 점에서 종교적·법적 질서 밖에 존재하는 배제된 존재들이다(조르조 아감벤/박진우 옮김, 『호모사케르: 주권 권력과 벌거벗은 생명』[서울 새물결, 2008], 155~160).
6 마사 누스바움, 「혐오와 사랑 새로운 정치의 가능성은 어디서 오는가?」, 127.

은 팬데믹 기간 동안 발생한 미국 내 아시안 혐오관련 기사였다. 다음은 한국 사회 혐오 현상과 관련된 내용이다.

2) 한국 내 혐오 증상들

한국에서 코로나19 관련 투사 혐오는 해외 입국자(중국), 신천지, 이태원 클럽 순으로 발생했다. 코로나19가 중국 우환에서 발생했다는 소문이 퍼지면서 중국과 중국인을 향한 혐오 발언이 등장하기 시작했고, 보수언론과 정당에서는 중국인의 출입국을 제한해야 한다는 강성 메시지를 유포하기 시작했다. 2020년 1월 23일 코로나19의 감염을 막기 위해 중국인의 국내 입국을 금지해 달라는 청와대 국민청원이 시작되었는데 한 달 만에 76만이 넘는 사람들이 동의했다. 코로나19로 기인한 특정 집단을 향한 혐오 발언이 최초로 등장한 사건이었다.

2020년 2월 대구발 코로나19 확산의 원인으로 지목당한 신천지는 혐오 증상의 절정을 찍은 사건이라 할 수 있다. 신천지 교인인 31번 확진자가 두 차례에 걸쳐 1천명이 넘게 참석하는 대구 신천지 집회에 두 차례 참석했다는 사실이 알려지기 시작하면서 신천지에 대한 혐오는 본격화 되었다. 이는 중국인을 향한 혐오보다 더 강렬한 것으로 2020년 2월 23일 시작된 신천지 예수교회를 강제로 해산시켜야 한다는 청와대 국민청원이 하루 만에 20만 명이 넘어선 것으로 증명되었다.

7 앞의 책, 133.

신천지에 대한 혐오가 극에 달하면서 이에 대한 우려를 표명하는 의견들이 등장하기 시작했다. 크리스챤아카데미 이상철 원장은 신천지에 대한 혐오을 멈추고 개신교의 반성와 회개의 계기로 삼아야 한다고 주장한다 "신천지는 어느 날 갑자기 등장한 게 아니라, 개신교 안에서 우리가 저지른 약자에 대한 무관심과 멸시, 혐오가 낳은 쌍생아인 겁니다. 신천지에 대한 화살을 우리에게 돌려, 개신교 차원에서 반성과 회개로 이어져야 하지 않을까 제안하고 싶습니다."[8]

신천지는 개신교안의 타자, 개신교가 만들어낸 잉여의 존재들이다. 한국개신교의 발전과정에서 순복음교회로 대표되는 선발 대형교회 패턴은 1997년 IMF를 거치면서 강남과 분당을 기반으로 한 후발 대형교회 패턴으로 전환된다.[9] 후발 대형교회는 자산과 교양을 바탕으로 그들만의 리그를 형성하는데 그 과정에서 많은 교인들이 이탈해 가나안 신자(떠돌이 신자)가 된다. 가나안 성도는 대략 150만~200만 가량 된다고 추정된다. 대형 교회에 끼지 못하고, 가나안 신자에도 들어가지 않은 이들이 신천지 같은 강성 종말론 교회 신자가 되었다고 김진호는 분석한다.[10] 그러므로 신천지를 향한 혐오 이전에 신천지 같은 소종파가

---

8 이상철, 「코로나 이후, 종교의 길을 묻다」, 『카톨릭 평론』, 27호(서울 우리신학연구소, 2020), 16.

9 김진호, 『권력과 교회』(서울 창비, 2018), 98-113).

10 김진호, 『경향신문』(2020. 3. 27), 「우리사회와 신천지, 적대적 공생관계」(https//www.khan.co.kr/opinion/column/article/202003272049015/?utm_campaign=list_click&utm_source=reporter_article&utm_medium=referral&utm_content=%EA%B9%80%EC%A7%84%ED%98%B8_%EA%B8%B0%EC%9E%90%ED%8E%98%EC%9D%B4%EC%A7%80(최종검색, 2023. 12. 31).

나올 수밖에 없었던 한국개신교의 현실에 대한 비판이 먼저 있어야 한다. 신천지 일반을 바이러스의 숙주처럼 여겨 혐오하는 태도는 감염병의 방역과 대응에 도움이 되지 않았고 오히려 우리 사회의 분열과 갈등의 지수를 상승시킬 뿐이다.

코로나19가 번져나가는 것처럼 우리 사회에서 혐오는 마치 숙주를 찾아 번식하는 바이러스처럼 여러 단위로 퍼져나갔다. 중국 혐오에서 신천지 혐오로 이동하더니 이태원 클럽 발 코로나19 확산을 거치면서 동성애 혐오로 번졌다. 2020년 5월 이태원 발 코로나 확산은 동성애혐오Homophobia를 확산시키는 결정적 사건이었다. 한국기독교사회문제연구원이 조사한 인식조사에 의하면, 이태원 클럽 발 코로나19 감염 후 동성애자에 대한 반감 증가 여부를 묻는 설문조사에서 '반감이 커졌다'고 답한 사람이 65.3%, '그렇지 않다'는 사람이 26.3%, '잘 모르겠다'가 8.4% 나왔다.[11] 종합적으로 코로나19 진원 집단(신천지, 해외 입국자, 이태원 클럽)에 대한 혐오를 물었는데, "경계하거나 혐오했다"는 응답이 71.6%, '혐오하지 않았다'는 응답이 24.5%로 조사되었다.

11 송진순, 「코로나19 상황에서 본 젠더불평등과 혐오」, 『코로나19와 한국교회의 사회인식』(서울 대한기독교서회, 2021), 151.

혐오했다 : 71.6%　　　　　　　　　　혐오하지 않았다 : 24.5%

| 23.3 | 48.3 | 21.4 | 3.1 | 3.9 |

〈표 10〉 코로나19 진원지가 된 집단에 대한 경계/혐오 반응

코로나19 상황이 종식되지 않고 계속 이어지는 가운데 타인에 대한 불신이 증가되고, 감염의 원인이 되는 대상에 대한 혐오도가 높아지는 것이 일반적 현상으로 자리잡는 것은 분명 우려가 되는 대목이다. 신천지와 같은 특정 종교, 우환 바이러스를 거론하면서 특정 국가와 민족을 지목하는 것, 이태원 클럽발 감염처럼 특정 젠더에 대한 혐오, 미국에서 일어나는 아시안 혐오는 경계해야 한다. 왜냐하면 아무런 제재 없이 전개되는 혐오는 폭력을 용인하고 테러와 집단학살을 가능하게 하기 때문이다.

제2차세계대전 당시 나치에 의해 저질러진 유대인 혐오를 근거로 한 홀로코스트, 냉전 종식 후 보스니아에서 전개된 종교 간 집단학살, 아프리카 곳곳에서 벌어지는 인종청소는 모두 특정 대상을 상대로 했던 혐오 현상이 쌓이고 겹치면서 발생했다. 코로나19 상황에서 발생하는 혐오증상은 지난 역사에서 발생했던 혐오범죄들을 상기시키면서 우리에게 타자에 대한 감수성과 윤리에 대한 물음을 진지하게 던지고 있다.

다음 장에서는 유대인 혐오의 가장 비극적 현장이었던 홀로코스트에서 살아남아 본인 특유의 타자의 윤리학을 정초한 유대계 철학자 레비나스의 사상을 살피도록 하겠다. 레비나스의 타자 윤리학이 코로나19 상황에서 타자에 대한 혐오를 가능하게 하는 현재의 국면을 타개할 수 있는 각성과 성찰의 계기가 되기를 바란다.

3. 혐오를 넘어(1): 레비나스를 중심으로

레비나스(1906~1995년)는 1995년 12월 25일 성탄절 날 세상을 떠났다. '타자를 위한 존재'인 예수가 태어난 날 타자의 윤리학을 정초했던 거인은 눈을 감았다. 프랑스의 일간지『리베라시옹』(1995년 12월 26일자)은 레비나스를 '네 문화의 철학자'라 회고하면서 애도했다.[12] 러시아에서 태어나 토라와 탈무드를 묵상하고 톨스토이를 읽으면서 성장한 소년 레비나스! 후설, 하이데거로 이어지는 독일철학의 정통에 탐닉했던 청년 레비나스! 프랑스철학의 변방에서 일약 대표적 현대철학자로 변모한 프랑스 국적의 레비나스! 이처럼 다양한 레비나스가 존재하나 그 어디에도 속하지 못한 채 주변인에 머물렀던 레비나스를 "경계境界의 인간"[13]이라 부르는 것은 타당하다.

경계에 위치한 주변인들은 공동체에서 정변이 일어날 때 사건의

---

12 강영안,『타인의 얼굴 — 레비나스의 철학』(서울 문학과지성사, 2005), 19.
13 마리 안느 레스쿠레/변광배. 김모세 옮김,『레비나스 평전』(파주 살림, 2006), 64.

용의자로 취급당한다. 권력은 체제의 오작동이 자체 내 모순과 부정의로 말미암은 것일지라도 그 원인을 외부로 돌려 호도하는데 그때마다 이방인, 유대인, 동성애자, 여성, 장애인, 마녀, 부랑아들이 제일 먼저 혐오의 대상자로 호명되었고, 그들을 향한 폭력은 용인되었다. 제2차세계대전 당시 자행된 홀로코스트는 누스바움이 말하는 '투사 혐오'의 전형적 예라 할 수 있을 것이다.

레비나스는 러시아, 독일, 프랑스를 전전하면서 살다간 유대인이었고, 홀로코스트를 거치면서 부모와 두 동생을 잃었다. 본인도 전쟁 포로로 잡혀 5년 동안 수용소에 갇혀 있다가 전쟁이 끝나고 석방되었다. 홀로코스트로 인한 충격으로 인해 레비나스는 독일에 가지 않겠다고 다짐했고, 죽는 날까지 실제로 독일을 방문하지 않았다. 제2차세계대전 후 레비나스는 홀로코스트로 인한 충격에서 벗어나지 못한 채 대학살의 비극이 어디부터 시작되었는지 골몰하기 시작했다. 그 과정에서 후설과 하이데거 밑에서 배웠던 존재론과 주체 중심의 사유가 문제의 원인이었음을 간파했고, 그에 대한 대안을 '윤리'에서 찾았다. 그렇다면 레비나스의 윤리학은 본인이 체제로부터 '투사 혐오' 대상자로 지목당한 후 폭력을 경험하고, 그것에 대한 트라우마를 극복하는 과정에서 자기가 겪은 아픔을 대면하고 해석하면서 깨달은 공포의 발견술이고, 혐오 피해 극복의 처방전이라 할 수 있다.

1) 홀로코스트를 넘어서

레비나스는 필립 네모와의 대화에서 하이데거에게 많은 영향을 받았다고 고백하면서, 특별히 『존재와 시간』에 대한 존경의 마음을 드러냈다.14 하이데거는 '인간이란 무엇인가?'를 물으면서 등장했다. 그동안 많은 철학자가 인간에 대해 말해왔다. 아리스토텔레스에게 인간은 사회적 동물이고, 데카르트에게 인간은 사유하는 존재이며, 칸트는 인간을 희망하는 존재라 말했다. 기존의 인간론은 의미를 추구하고 목적을 지향하는 인간의 가능성에 주목한다. 그러나 하이데거는 달랐다. 하이데거에게 인간은 그냥 '세계에 던져진 존재'일 뿐이다. 아무런 목적과 이유와 원인이 없이 말이다. 이런 인간이 당신이 처한 공간 속에서 시간을 보내면서 사람들을 만나고 사건을 경험하면서 세계를 자기의 품안으로 끌어안는다. 그러면서 인간은 자신만의 세계를 만들어간다.15

하이데거를 이해하기 위해서는 존재자와 존재를 구분할 필요가 있다. '존재자'는 컵, 과일, 아파트, 그리고 인간까지를 포함한 시간과 공간의 제약을 받는 대상을 말한다. 반면 '존재'는 시간과 공간을 초월하는 존재자들을 존재케 하는 것이다. 하이데거는 서구 형이상학의 역사가 존재 망각의 역사였다고 말한다. 아파트를 예를 들어보자. 우리는

---

14 Emmanuel Levinas, *Ethics and Infinity*(Pittsburgh Duqusne University Press, 19 85), 37-44.
15 Martin Heidegger, *Being and Time*, translated by John Macquarrie & Edward Robinson(London SCM Press Ltd., 1962), 80-81.

존재자 아파트의 존재 의의는 생각하지 않는다. 존재자 아파트의 평수, 가격, 위치, 투자가치에만 관심한다. 그러나 아파트가 금으로 만들어졌다손 치더라도 아파트에서 사람이 살 수 없으면 소용이 없다. 아파트에서 중요한 것은 평수와 가격과 위치가 아니라 사람이 살 수 있는 공간인가의 여부다. 안타깝게도 우리는 아파트의 존재 의미를 상실한 채 아파트의 투자가치에만 관심한다. 이러한 현상은 날로 심화되어 한국사회에서 영혼까지 끌어서 아파트를 사야한다는 강박으로 작용하고 있다. 하이데거가 말한 존재 망각의 대표적 예라 할 수 있다.

하이데거는 존재자에서 존재로의 전환을 이야기하면서 존재 망각을 거론했는데 그 과정에서 등장하는 것이 '세계 내 존재', 즉 '현존재'이다. 존재를 망각한 존재자를 지우고 세상에 던져진 현존재가 시간을 지나고 사건을 경험하면서 존재를 획득하기까지의 과정을 서술한 책이 『존재와 시간』이다. 현존재가 존재를 획득하는 과정에서 결정적 계기가 되는 사건이 죽음을 선취하는 것이다. 현존재는 자신이 죽음을 향해 가는 존재라는 사실을 깨닫고 죽음에 대한 불안과 공포가 실존의 본질임을 알아차린다.[16] 죽음을 미리 끌어와 사유하면서 획득한 무無에 대한 깨달음은 현존재로 하여금 실존적 결단을 가능케 해 존재론적 망각에서 벗어나 본래적 존재로 인도한다. 이것이 『존재와 시간』의 전체적 구성이라 할 수 있다.

16 앞의 책, 294-295.

『존재와 시간』의 플롯은 마치 오뒷세우스가 트로이전쟁에서 승리하고 고향 이타카로 돌아가는 귀향서사의 구성과 닮았다. 오뒷세우스의 최종 목적지인 이타카는『존재와 시간』의 현존재가 최종적으로 다다르게 될 존재이다. 오뒷세우스는 이타카로 가는 과정에서 많은 난관을 만났고 그것들을 거치면서 성숙하고 강해진다. 마찬가지로 현존재역시 시간을 지나면서 죽음을 선취하면서 성숙하고 흠이 없는 존재로변모한다. 그렇게 변모한 오뒷세우스는 더 이상 세상에 던져진 텅 빈현존재가 아니라 세상의 이치와 질서를 터득한 존재로 거듭난다.

레비나스는 홀로코스트를 겪고 나서 하이데거와 결별했다. 자기가흠모했던 하이데거를 왜 거부했던 것일까? 하이데거가 나치의 광기 어린 유대인을 향한 혐오적 폭력에 비판을 가하지도 않았고 오히려 그것을 방관하거나 지지하는 입장에 섰다는 것을 레비나스는 전쟁이 끝난후에 알았다. 레비나스는 그때부터 난관에 빠진다. 무엇이 하이데거를그렇게 몰아갔던 것일까. 레비나스는 하이데거의 '죽음이해'에서 그 원인을 찾는다. 죽음에 대한 선취 후에 다가오는 깨달음으로 인해 현존재는 본래적 존재를 획득한다고 했는데, 레비나스는 바로 그것이 강력한동일성의 원칙이었음을 간파했다.

이런 이유로 레비나스는 하이데거와 다른 죽음에 대한 이해를 전개한다. 레비나스가 보기에 하이데거의 죽음 이해는 명징한 빛lucidity의구조 안에 놓여있는 무엇인 동시에 남성적인 힘virility이다.17 하이데거의 철학이 존재 망각이라는 서구 형이상학의 문제점을 지적하면서 등장했지만, 홀로코스트를 거치면서 증명된 하이데거의 사유는 서구 인식론의 단점을 극복하기는커녕 어쩌면 가장 극악한 형태의 혐오 폭력을 인정하는 빛의 사유가 되었다.

레비나스가 볼 때 하이데거가 말하는 죽음을 선취하고 정복한 주체란 내가 세상의 중심이 되는, 내가 세상에서 주도권을 갖는 계기가 되는 사건의 담지자이다. 레비나스는 하이데거의 죽음 이해와는 다른 주장을 전개하는데, 죽음은 세계에 속하지 않고 세계를 초월하는 스캔들이라 말한다.[18] 레비나스에게서 죽음은 하이데거 류의 실존의 사건 혹은 각성의 계기가 아니라, 신비이다. 하이데거에게 죽음이 타자성을 소거해 강력한 동일성을 확보하는 계기가 되는 사건이었다면, 레비나스에게서 죽음은 오히려 타자성을 드러내는 신비로서의 죽음이다.[19]

지금까지 나는 레비나스가 홀로코스트 경험 이후 하이데거와 결별하게 되었던 결정적 시각 차이라 할 수 있는 '죽음이해'에 대한 내용을 살폈다. 이후 레비나스는 주체와 타자 이해에 있어 하이데거로 상징되는 서구 철학과 다른 길을 걸었고, 본인 특유의 타자의 윤리학을 정초하기에 이른다.

---

17 Emmanuel Levinas, *Time and The Other*, translated by Richard A. Cohen(Pittsburgh Duqusne University Press,1987), 70.

18 Emmanuel Levinas, *God, Death, and Time*, translated by Dettina Bergo(CA Standford University Press,2000), 113.

19 Emmanuel Levinas, *Time and The Other*, 9.

2) 제1철학으로서의 윤리학

레비나스가 판단하기에 하이데거 철학에는 타자가 상실되었다. 하이데거를 거치면서 서구 철학은 타자를 완벽히 소거시키며 주체 중심의 존재론을 완성했다. 죽음을 경유하며 각覺(깨달음)에 이른 하이데거의 주체는 타자를 허용하지 않는 주체이다. 각각의 존재자가 지닌 개별성은 타자화된 무엇이고 주체에 의해 전유되어야 하는 요소일 뿐이다.[20] 모든 타자성은 내 안으로 들어와야 한다는 강박이 하이데거 안에 있는 것이고, 내 안으로 포섭되지 않는 타자적인 것은 이방인이고 바이러스이며 악마적 존재이니 제거와 혐오의 대상이 된다. 이 원칙이 바로 서구 근대를 관통하는 정신이고, 그래서 서구철학은 "힘의 철학a philosophy of power",[21] "부정의의 철학a philosophy of injustice"[22], "전쟁의 존재론the ontology of war"[23]이 되어 타자에 대한 혐오를 정당화할 수 있었다. 홀로코스트는 동일자(the Same)의 타자에 대한 혐오와 폭력이 극에 달한 사건이었고, 레비나스의 타자의 윤리학은 이를 극복하기 위해 고안되었다.

하이데거 비판에서도 드러났듯이, 레비나스에게 서구 철학은 타자를 동일자로 환원시키는 존재론이다.[24] 하지만, 레비나스에게서 타자

---

20 Emmanuel Levinas, *Totality and Infinity An Essay on Exteriority*, translated by Alphoso Lingis Dettina Bergo(Pittsburgh Duqusne University Press,1987), 89-90.
21 앞의 책, 46.
22 같은 곳.
23 앞의 책, 22.

란 동일자의 자기의식 안으로 포괄되지 않는 잉여, 혹은 과잉이다. 그의 책 제목처럼 타자는 '존재와 다른, 혹은 본질 저편에 있는'[25] 그(녀)이다. 타자는 마치 김소월의 시 초혼招魂에 나오는 구절처럼 '불러도 주인 없는 이름이고 부르다가 내가 죽을 이름이다'. 타자는 주체의 범주 안에서 예측되고 계량될 수 있는 존재가 아니다. 레비나스는 다음과 같이 타자에 대해 답한다. "타자는 비가시적이어서 채우기를 기대할 수 없다. 그것은 담을 수 없는 것이고, 주제화 할 수 없는 것이다. 그것은 무한한 초월이다."[26]

기존의 윤리가 동일자에 자기를 의거하는 것이었다면 레비나스에게 와서 윤리는 무한한 타자와 관계하는 것으로 새롭게 규정된다.[27] 이제부터 윤리적 인간이란 타자의 얼굴에서 전해져 오는 알 수 없는 무언가로 인해 마음에 생채기가 생겨 더 이상 외면하지 않고 타자의 얼굴과 대면하는 주체이다. 물론 이때 얼굴은 내 앞에 즉자적으로 등장해 동일성 안으로 포섭되는 그것은 아니다. 마치 바울이 말하는 것처럼 거울을 보는 것같이 희미하게 보이는, 부분적으로만 아는 얼굴이 아닐까 싶다. 하지만 내가 얼굴과 얼굴을 맞대고 볼 때, 흐릿하게 존재하고 희미하게 들이는 그의 얼굴과 목소리에 반응 할 때, 그 지점에서 윤리가 태어난다고 레비나스는 말한다 "동일자의 자기중심적 자발성으로 가능하지

---

24 앞의 책, 43.

25 Emmanuel Levinas, *Otherwise than Being or Beyond Essence,* translated by Alphonso Lingis Dettina Bergo(Pittsburgh Duqusne University Press,1998).

26 Emmanuel Levinas, *God, Death, and Time,* 137-138.

27 같은 곳.

않은 이 일이 타자의 얼굴과 대면하는 것을 통해 일어난다. 타자의 현존으로 인해 나의 자발성에 문제 제기가 일어나는 것을 우리는 윤리라 부른다."28 사도 바울이 "지금은 내가 부분적으로 알지만 그 때에는 하나님이 나를 아신 것처럼 내가 완전하게 알게 될 것입니다"(고전, 13:12)라고 했는데, 내가 완전하게 알게 될 그때가 바로 타자의 목소리에 반응하고 타자의 얼굴과 대면하는 레비나스가 말하는 윤리가 발생하는 그 순간이 아닐까, 라는 생각을 해본다.

전통적으로 서구 철학에서 제1철학은 존재론이었다. 신은 궁극적 실재이고 모든 운동과 원인의 근거이다. 하지만 레비나스는 신을 동일자가 아니라 타자라 말한다.29 신이 타자라는 말을 하고 나서 레비나스는, "특정한 관계, 즉 윤리 속에서 타자 또는 그 너머를 사유해야 한다"30고 말하는데, 나는 이 구절이 윤리가 존재론 보다 우위에 있다는 말로 들린다. 레비나스는 이를 '제1철학으로서의 윤리학Ethics as First Philosophy'31 명명했고, 급기야는 윤리로부터 신을 사유하기에 이른다.32

하지만 타자인 신은 추상적 형태로 등장하지 않는다. 레비나스는

---

28 Emmanuel Levinas, *Totality and Infinity, 43*.

29 앞의 책, 211; "God is the Other."

30 Emmanuel Levinas, *God, Death, and Time*, 124-125.

31 Emmanuel Levinas, *Levinas Leader*, edited by Sean Hand(MA Blackwell, 1989), 75.

32 Emmanuel Levinas, *God, Death, and Time*, 136-139.

타자의 항목에 구약성서에 나오는 '이방인, 과부, 고아'와 같은 구체적인 존재들을 거론한다.[33] 그리고 신약성서 마태복음 25장 최후의 심판을 거론하면서 '배고픈 사람, 목마른 사람, 나그네, 헐벗은 사람, 병든 자, 갇힌 자", 즉 타자를 환대했던 자가 하나님 나라의 주인공이 된 사연을 소개하면서 타자를 더욱 구체적으로 예각화한다.[34] 이들은 고대 이스라엘에서 사회가 위기에 빠질 때 언제든지 제거되어도 괜찮은 사람들의 명단이다. 달리 말하면 혐오를 해도 괜찮은 사람들이고, 화가 났을 때 때리고 분노가 치밀 때 막 대해도 되는 그 사회 하수구 같은 존재들이다. 레비나스는 콕 집어 그들을 타자라 지적하고, 그 타자들이 신이라고 말했던 것이다.

앞서 소개한 타자의 명단은 오늘의 상황 속에서도 여전히 유효하다. 예를 들어 코로나19 상황에서 혐오의 대상이 되는 사람이 누구인가? 인종에 대한 혐오, 빈자와 환자에 대한 혐오, 성소수자에 대한 혐오, 이방인과 외국인에 대한 혐오가 코로나19 상황에서 높아지고 있다. 레비나스의 타자의 윤리학은 코로나19 상황 속에서 고통당하는 타자들을 환대하고 그들과 연대하는 노력이 왜 필요하고 중요한지를 우리에게 권면한다. 윤리란 지배 담론과 체제 유지를 위해 작동되어서도 안 되고, 일부 권력을 지닌 자들의 집권을 유지 관리하는 홍위병 역할을 해서도 안 된다.

---

33 Emmanuel Levinas, *Time and The Other*, 83.
34 Emmanuel Levinas, *God, Death, and Time*, 199.

결론적으로 윤리란 상징계를 지배하는 현실의 원칙, 쾌락의 원칙을 거스르면서 세상의 질서와 법칙에서 호명이 안 되고 통계로 잡히지 않는 타자들을 향하는 마음이다. 왜냐하면 신이 있다면 바로 그 눈길 가운데 있기 때문이다. 어쩌면 타자의 윤리는 법 밖의 정의를 겨냥하는지 모르겠다. 이때의 법이란 21세기 무소불위의 권력을 행사하는 자본이고, 뿌리 깊은 인종주의, 가부장제, 여성 혐오, 동성애 혐오 등이라 할 수 있을 것이다. 그것을 거슬러 경계 밖에 존재하는 타자를 향해 탈주하는 것이 레비나스의 타자의 윤리이고 그런 의미에서 레비나스의 윤리는 코로나19로 인해 등장하는 혐오 현상을 제지할 수 있는 대항 담론이라 할 수 있다.

다음 장에서 살펴볼 본회퍼 역시 혐오와 폭력이 난무하는 세계 속에서 그리스도의 정신으로 실천과 저항의 제자도를 실천했던 인물이다. 본회퍼와 레비나스는 공히 나치라는 거대한 혐오의 시스템에 맞섰다는 점에서 공통점이 있으나, 레비나스가 서구 존재론의 부작용으로서의 혐오에 집중했다면, 본회퍼는 그리스도교 신학자로서 혐오에 맞서고 그 가운데 그리스도교 신앙을 바로 세워나가려고 했다는 점에서 차이가 있다.

4. 혐오를 넘어서(II): 본회퍼를 중심으로

제2차세계대전을 거치면서 유대인 600백만 명이 히틀러의 나치에 의해 집단 학살당했다. 앞서 언급한 레비나스의 부모와 형제도 희생자 속에 포함되어 있다. 이것은 당시 유대인의 1/3 이상이 되는 숫자이고, 특히 유대교 랍비와 학자의 90% 이상은 예외 없이 집중적으로 학살 대상이 되었다. 홀로코스트는 단순한 집단 학살을 넘어서 한 문화권이 다른 문화권을 집요하게 장기간에 걸쳐 조직적으로 제거하려 했다는 점에서 놀라울 뿐만 아니라, 그것이 칸트와 헤겔, 베토벤과 괴테의 나라인 독일에서 주도되었다는 점에서도 놀랍다. 여기에 우리를 더욱 당혹케 하는 것은 독일뿐 아니라 사실상 그리스도를 나의 구주로 고백하는 전 유럽국가들이 홀로코스트에 직간접적으로 관여하면서 동조와 묵인을 했다는 점이다. 제2차세계대전 이후 홀로코스트의 만행이 드러나면서 철학자 아도르노는 "아우슈비츠 이후에 시를 쓰는 것은 야만이다"라고 말했고,[35] 신학자들은 아우슈비츠 이후에 신학이 가능할 수 있을지에 대한 뒤늦은 차책을 하지만[36] 그런 고백과 증언은 홀로코스트가 저지른 비참의 현상학 앞에서 조족지혈일 뿐이다.

홀로코스트는 누스바움이 말한 투사 혐오의 대표적 증상이라 할 수 있다. 1차 세계대전이 후 독일은 전쟁 책임의 문제로 인한 경제적 인플레, 그리고 집단적 패배감에 빠져있었다. 그때 독일 국민들에게 아리안 우선주의라는 구호를 걸고 히틀러가 등장했다. 그는 독일 사회의

---

35 테오도르 아도르노/홍승용 옮김, 『프리즘-문화비평과 사회』(서울 문학동네, 2004), 2.
36 Rosemary Radford Ruether, "The Holocaust Theological and Ethical Reflection", in *The Twentieth Century A Theological Overview*. Edited Gregory Baum(New York Orbis Books, 1999), 76-91.

불만을 자극하면서 분노의 에너지를 모아가다가 유대인을 지목해 혐오한 후에 그 동력으로 제2차세계대전을 감행했다. 본고는 1933년 1월 제3제국의 수상으로 히틀러가 임명된 이후 나치정권이 저지른 혐오와 폭력에 맞서 저항했던 본회퍼의 행적을 따라간다. 그 과정에서 독자들은 자연스럽게 본회퍼가 말하는 타자의 윤리와 신학, 그리고 그가 행한 진리와 자유를 향한 실천과 만나게 될 것이다.

1) 혐오와 폭력에 맞서는 교회론

1933년 1월 30일 히틀러가 최고 권력으로 공식 등장한 이틀 뒤 본회퍼는 포츠담 슈트라세 '폭스-하우제 라디오'에서 행한 '젊은 세대 안에서 일어난 지도자 개념의 변화'라는 강연을 통해 다음과 같이 말했다. "지도자가 자신을 우상화하기 위해 국민을 현혹하고, 국민이 그에게서 우상을 기대한다면, 그 지도자상은 조만간 악마의 상으로 변질되고 말 것입니다."[37] 그리고 히틀러 집권 후 베를린 삼위일체 교회에서 행한 첫 예배에서는 "교회 안에는 제단이 하나뿐입니다. 그 제단은 지극히 높으신 분의 제단입니다. 그 제단 앞에서는 모든 피조물이 무릎을 꿇어야 합니다"라고 설교했다.[38] 그때부터 나치는 본회퍼를 요주의 인물로 지목했다.

더 심각한 상황은 같은 해 9월 독일 교회 안에서 발생했다. 이른바

---

37 에버하르트 베트게/김순현 옮김, 『본회퍼』(서울 복있는 사람, 2014), 407.
38 앞의 책, 403.

'아리안 조항'이라 불리는 '성직자와 교회 임원의 법적 관계를 규정한 교회법'이 통과된 것이다. 그 법에 의하면 혈통이 아리아계인 사람만이 성직자가 될 수 있었다.[39] 본회퍼 전문가 강성영은 타자의 신학자 본회퍼의 정체성은 이때부터 형성되기 시작했다고 회고한다 "(본회퍼에게서) 타자는 히틀러 집권 이후 자행된 국가 폭력의 희생자로, 비로소 그 사회, 정치, 종교적 이름을 갖게 되었다. 바로 타자는 유대인이었다. 그는 히틀러의 집권 직후 시행된 1933년 아리안 조항이라는 유대인 차별 정책에 대해 교회가 어떠한 입장을 취할 것인가에 대해 고민하며, 그는 마르틴 니뮐러와 함께 긴급목사동맹을 결성해 고백교회의 투쟁을 전개했다.[40]

본회퍼는 교회가 나치의 유대인 혐오를 바탕으로 한 분노의 정치학에 동조하는 것에 반대하는 논문(「유대인 문제에 직면한 교회」)을 이미 1933년 6월에 발표한 바 있다. 그 논문에서 그는 다음과 같이 말했다 "그리스도교적 설교의 과제는 다음과 같은 사실을 선포하는 것이다. 교회는 유대인과 독일인이 하나님의 말씀을 받드는 곳에 있다. 바로 거기에서만 교회는 여전히 교인인지 아닌지가 판명된다."[41] 본회퍼는 그리스도교 신학자답게 교회가 나치의 반유대정책을 무비판적으로 수용하는 것은 단순한 정치적 동조가 아니라, 복음의 본질을 왜곡하고 파괴하

---

39 앞의 책, 467.
40 강성영, 「본회퍼의 '타자의 윤리'의 신학적 토대와 오늘의 의미」, 『신학연구』 76(서울 한신대학교 학술원 신학연구소, 2020), 116.
41 베트게/김순현 옮김, 『본회퍼』(서울 복있는 사람, 2014), 424.

는 것으로 판단한 것이다. 이렇듯 본회퍼에게 유대인을 향한 혐오와 배제의 문제는 교회의 교회됨을 판명하는 기준이 되었다. 여기에 본회퍼교회론의 정수가 있다. 강성영은 본회퍼의 교회론에 대해 언급하면서, 본회퍼는 초지일관 교회가 세상에서 어떤 형태로, 어떻게 존재해야 하는지 집중했고, 오늘 교회와 세상에서 그리스도가 어떻게 인식되고 고백되는지에 주목했다고 회고한다.[42]

사실 본회퍼의 그리스도론에 입각한 교회론은 나치가 공식적으로 정권을 잡기 전 1932년 에큐메니컬 운동에 참여하면서부터 이미 전개되고 있었다. 본회퍼는 독일 내에서 군국주의 목소리가 날로 커지고 교회도 동조하는 모양새로 변하는 정국을 지켜보면서 에큐메니컬 운동을 통해 국제연대와 네크워크를 강화하고자 했다. 그 무렵에 체코에서 개최된 '청(소)년평화회의(1932년 7월 20~30일)'에서 본회퍼는 「세계연맹 사업의 신학적 근거에 관해」라는 제목으로 논문을 발표했다. 그 논문에서 본회퍼는 그리스도론에 입각한 교회론을 피력했다. "교회는 어떤 고정된 법이나 어떤 영원한 질서로부터가 아니라, 오직 그리스도로부터만 계명을 듣는다."[43] 본회퍼의 연설은 나치에 대한 공개적인 비판이었고 이후 그의 삶은 그리스도론에 입각한 비타협적 제자도의 길이었다.[44]

42 강성영, 「본회퍼의 '타자의 윤리'의 신학적 토대와 오늘의 의미」, 109.
43 Dietrich Bonhoeffer, *No Rusty Swords Letters, Lectures and Notes* 1928-1936 from the Collected Works of Dietrich Bonhoeffer volume I, ed. Edwin H. Robertson, trans. Edwin H. Robertson and John Bowden(New York, NY Harper & Row, 1965), 167.

본회퍼의 교회론은 거슬러 올라가면 1927년에 제출한 박사학위논문 『성도의 교제Sanctorum Communio』에서 이미 확고하게 자리잡고 있었다. 본회퍼는 논문 서두에서 독일교회를 향한 공개비판을 서슴치 않는다. "자기 자신의 사리에 맞게 교회의 요구를 상대화하는"자들, "개인주의적 사회 원자론" 등의 표현은 다분히 당시 독일교회를 겨냥하는 것이었다.[45] 젊은 신학자 본회퍼에게서 교회란 "공동체로 존재하는 그리스도"[46]이다. 그리스도교가 고백하는 하나님은 세상과 분리된 곳에서 인간을 내려다보는 기계장치로서의 신이 아니다. "하나님의 뜻은 항상 구체적이고 역사적인 인간을 향해 있다."[47] 이것이 신이 인간이 된 사건, 말씀이 육신이 되신 사건인 성육신의 의미이다. 본회퍼는 성육신적 교회를 "그리스도 안에서, 그리고 그리스도를 통해 설립된 교회"[48]라고 칭했고, 그 교회를 "공동체로 존재하는 그리스도"라 부르면서 다음과 같은 내적 논리를 부연한다 "그것은 교회와 교회 지체들이 구조적으로 서로 함께 살아간다는 사실에 있으며, 대리적 행위와 교회의 능력 안에서 서로를 위해 실천한다는 사실에 있다."[49]

---

44 호르스트 게오르그 펠만, 「급진적 제자직 본회퍼」, 『신학사상』 91(병천 한국신학연구소, 1995 겨울), 22.
45 본회퍼/유석성. 이신건 옮김, 『성도의 교재』(서울 대한기독교서회, 2010), 45.
46 앞의 책, 171.
47 앞의 책, 125.
48 앞의 책, 128.
49 앞의 책, 172.

종합하면, 본회퍼가 말하고자 했던 교회란 세상을 지배하는 쾌락의 원칙, 현실의 논리, 법과 권력의 작동 방식으로 운영되지 않고, 그것을 지향하거나 그것에 영향을 받지도 않는 교회다. 오직 역사 안에서 존재하는 모든 피조물들과 관계하며 함께 하시는 성육신한 그리스도를 본받아 교회의 이웃을 돌보며 그들의 곁을 지키면서 그리스도를 실천하는 제자도를 지닌 공동체이다. 이러한 본회퍼의 교회론이 유대인을 향한 혐오와 폭력을 정당화했던 나치 정권과 그들을 추종했던 독일 교회와 대립적 관계일 수밖에 없었던 것은 당연한 귀결이었다.

　　다음 장에서는 예수를 '타자를 위한 존재'로 규정한 본회퍼의 그리스도론이 어떻게 그의 윤리학에서 작동하고 있는지에 다루고, 최종적으로 코로나19 상황에서 타자에 대한 배제와 혐오의 메커니즘이 작동하는 현실 속에서 본회퍼의 타자의 윤리학을 어떻게 적용할 수 있을지를 도모하고자 한다.

2) 타자를 위한 존재

　　『성도의 교제』에서 본회퍼가 그린 교회는 '공동체로 존재한 그리스도'로서의 교회였다. 세월이 흘러 옥중에서 쓴 글들에서 보이는 본회퍼의 교회론은 『성도의 교제』에서의 그것보다 한 발짝 더 나간다. 그것은 다음의 한 문장으로 요약 가능하다 "교회는 타자를 위해 현존할 때 교회가 된다."[50] 본회퍼는 타자를 위한 교회를 이야기하기 앞서 예수를 "타자를 위한 존재"[51]로 먼저 정의했다. 본회퍼의 타자의 윤리학은 타자를 위한 존재로 살다간 예수의 삶과 생애를 따르는 윤리이고, 그런 예수를 구주로 고백하는 이 땅에 남겨진 성도들과 교회를 위한 윤리학이다.

강성영은 본회퍼의 타자의 윤리가 관념적인 것이 아닌 현실의 구체적 선에 집중한다고 말한다 "윤리 물음은 어느 시대나 어느 장소에서도 보편타당한 도덕의 법칙을 찾는 것이 아니라, 지금 여기서 선하고 정의로운 것이 무엇인지를 묻는 것이다."[52] 그것은 구체적으로 우리의 삶에서 다음과 같이 나타난다. 그리스도인은 세상 속에서 타자와 공존해야 하며 그리스도가 그랬던 것처럼 대리의 삶을 살아야 한다. 이것이 본회퍼가 말하는 타자를 위한 존재로 살아가는 그리스도인으로서의 책임적 삶인데,[53] 여기서 핵심이 되는 개념이 '대리'이다.

본회퍼는 1941년 여름과 1942년 사이 집필했으나 사후에 베트게에 의해 편집되어 출판된 『윤리학』에서 '대리'에 대한 중요한 단서를 남겼다 "그분은 자신의 완전성에 도달하려고 하셨던 개인이 아니셨다. 그분은 오직 자신 안에서 모든 사람이 자아를 받아들이시고 감당하셨던 분으로서 살아가셨다. 그분의 모든 삶과 행동과 고난은 대리적인 것이었다."[54] 전통적 신론에서 전지전능한 하나님은 전적타자이다. 신은

50 본회퍼/손규태. 정지련 옮김, 『저항과 복종』(서울 대한기독교서회, 2010), 713
51 앞의 책, 711.
52 강성영, 「본회퍼의 '타자의 윤리'의 신학적 토대와 오늘의 의미」, 103.
53 본회퍼/손규태 외 옮김, 『윤리학』(서울 대한기독교서회, 2010), 267-269.
54 앞의 책, 308.

전적타자이므로 인간의 입장에서 신에게 다가갈 방법은 없다. 신의 입장에서도 신과 인간의 차이는 중요하다. 그 거리가 신의 신다움을 보증하기 때문이다. 그런 의미에서 '대리'는 전통적 신과 인간 사이 역학에 균열을 일으키는 사건이다. 왜냐하면 둘 사이 존재했던 타자성이 그리스도의 '대리'를 통해 극복되었고, 더 놀라운 사실은 '대리'는 신의 전능함이 아니라 무력함을 통해 완성되었기 때문이다.

본회퍼는 옥중에서 타자를 위한 대리적 삶을 산 예수와 그리스도를 따르는 신앙인의 삶에 대해 어느 시절보다 빛나는 글들을 생산했다 "우리는 하나님 없이 하나님 앞에서 하나님과 더불어 산다네. 하나님은 세상에서 무력하고 약하며, 오직 그렇기 때문에 그는 우리와 함께 계시고 우리를 돕는다네. 그리스도가 그의 전능하심이 아니라, 그의 약함, 그의 수난으로 도우신다는 것은 마태복음 817에 분명하게 나타나 있네. 바로 여기에 다른 종교들과의 결정적 차이가 있지."[55]

본회퍼는 옥에 갇혀서 그리스도 대리의 진면목을 확인한 것이 분명하다. 피안에 존재했던 신이 약하고 고통당하는 그리스도로 강림해 소외받고 억눌린 사람들 곁에서 그들과 더불어 함께 하는 '타자를 위한 존재'가 되었다. 이것은 남겨진 교회들에게는 '타자를 위한 교회'가 되어달라는 그리스도의 요청이다. 옥중생활을 거치면서 본회퍼의 그리스도론과 교회론과 윤리학은 원환적인 수미일관한 고리를 완성했다.

---

55 본회퍼/손규태. 정지련 옮김, 『저항과 복종』, 680-681.

그의 타자의 윤리가 코로나19 상황에서 던지는 메시지는 분명하다. 코로나19 방역 과정에서 국가주의가 등장하면서 시민市民 대 유민流民 사이의 뿌리 깊은 불신과 차별의 정치학이 등장했고, 그것은 백신 정국에서 자국 우선주의가 작동하면서 똑같이 되풀이되고 있다. 국내에서도 코로나19로 인해 피해를 받는 사람들, 고통의 사각지대로 몰리는 사람들은 계급적으로, 인종적으로, 젠더적으로 하위에 있거나 소수자 처지에 있는 사람들이다.

코로나19는 우리사회에서 타자의 위치를 점하는 사람들이 누구인지를 명확하게 드러낸 사건이었고, 그들을 향한 관심과 배려, 환대의 심각성을 알리는 사건이었다. 본회퍼의 타자윤리는 우리로 하여금 코로나19 이후 새롭게 부각되고 발견되는 타자를 위한 존재로서의 교회로, 기존의 교회가 어떻게 환골탈퇴 할 것인지에 대한 방안을 강력히 요구하고 있다.

5. 나가는 말: 타자를 위한 윤리

본고에서 나는 코로나19 시대 한국 사회 혐오의 현상학을 살피고 이를 극복할 대안으로 타자의 윤리학을 정초하고자 했다. 그 과정에서 유대계 철학자 레비나스와 그리스도교 신학자 본회퍼의 사상을 소환했는데 두 사람을 소환한 이유는 분명했다. 양자가 공히 제2차세계대전 당시 나치의 유대인 혐오의 대상자이고 피해자였다는 점, 그리고 그들의 타자의 윤리학과 신학이 단순한 이론적 상상과 추론의 과정이 아니라, 혐오와 폭력의 기억을 간직한 자로서 몸소 겪어야 했던 아픔을 극복하려 했던 과정에서 생산된 값진 결과물이었기 때문이다.

하지만 둘이 말하는 타자의 윤리 사이에는 간극이 존재한다. 유대교적 무한의 사유에 바탕을 둔 레비나스는 서구 존재론의 동일자the Same가 모든 역사적 현장에서 일어났던 전체성totality의 폭력을 주도했다고 비판한 후에 동일자의 반대 개념으로 무한을 제시했다. 그러므로 레비나스에게서 윤리는 동일자의 목소리에 따르는 기존의 도덕이 아닌 무한의 사유이다. 무한의 사유에 입각한 레비나스에게서 신은 만날 수 없는 비대칭적인 지점이자 불가능의 영역이다. 신은 오로지 타자의 얼굴을 통해 우리에게 다가온다. 고난 받는 이웃의 음성과 목소리에 내가 반응하는 윤리적 선택과 행위를 통해서만 우리는 신과 만날 수 있다.

반면 본회퍼는 철저히 그리스도 중심적이다. 레비나스의 타자담론은 신과 인간 사이를 무한으로 남겨두지만, 본회퍼는 그 자리를 예수 그리스도의 대리로 채운다. 그것이 본회퍼와 레비나스 사이의 결정적 차이이다. 강성영은 "대리는 타자의 고통과 죽음에 자신을 내어주는 탈주체화 과정을 통해 일어난다"고 정리한56 후 본회퍼의 대리 개념이 타자와 함께 사는 것을 교회의 존재 양식으로 삼는 '타자를 위한 교회'의 시금석이 되었다고 최종적으로 평가한다. 그렇다면, 레비나스와 본회퍼를 경유한 기독교 윤리는 코로나19로 인한 사회적 위기와 분열의 상

56 강성영, 「본회퍼의 '타자의 윤리'의 신학적 토대와 오늘의 의미」, 115-116.

황 속에서 출몰하는 타자에 대한 무분별하고도 무차별적인 혐오의 증상 앞에서 무슨 말을 할 수 있을까?

암스트롱은『축의 시대 종교의 탄생과 철학의 시작』에서 기원전 8~3세기 사이 현재까지 이어지는 고등 종교들이 발생했다고 말한다. 신석기 혁명을 거치면서 농경이 시작되고 그에 따른 부의 축적이 이루어지면서 권력이 등장했는데, 권력은 생리상 전쟁과 폭력을 통해 더 큰 권력을 쟁취하려는 속성을 지닌다. 암스트롱은 타인을 혐오하고 폭행하는 권력에 맞서 반대로 타인의 고통에 반응하고 자비를 구하는 종교가 등장했다는 점에 주목한다. 그는 세계의 주요 종교와 철학이 탄생한 이 시기를 '축의 시대'라 부르면서 다음과 같이 적고 있다. "축의 시대 현자들에게 종교란 정통적인 믿음이 아니라, 모든 존재의 신성한 권리를 존중하는 것이었다. 사람들이 다른 사람들에게 친절하고 관대하게 행동하면 세상을 구원할 수 있다."[57]

타자의 고통에 반응하면서 '축의 시대'가 등장했던 것처럼, 코로나19는 수면 아래 있었던 다양한 타자들의 고통을 들려주면서 새로운 '축의 시대'를 향한 분발을 촉구하는 듯하다. 실제로 코로나19는 많은 고통의 서사들을 보여주고 있다. 생태적인 문제에서 빈부격차의 문제까지, 의료체계를 비롯한 사회 전반적인 시스템의 문제, 자국의 이익을 우선하는 국가주의적 태도가 지닌 문제점까지 지구촌의 우울하고 절망

57 카렌 암스트롱/정영목 옮김,『축의 시대 종교의 탄생과 철학의 시작』(서울 교양인, 2010), 6.

적인 실상을 여과없이 드러내 보인다. 그 과정에서 여러 가지 윤리적 이슈들이 등장했는데, 코로나 팬데믹과 관련된 이슈들의 근저에는 다음의 공통질문이 있다. 다시, 인간이란 무엇인가?

코로나19 이후 전개된 인간론 논의에서 획득된 중요한 진리는 모든 인간은 결국 연결되어 있다는 사실이다. 슬라보예 지젝은 이를 다음과 같이 설명한다. "우리는 무엇보다 더 거대한 집합의 내부에 결박되어 있는 존재라는 사실을 인식해야 한다. 우리는 공적 존재들의 요구에 좀 더 민감해져야 하며, 자기 이해를 새로운 의미로 정식화해 그것들이 처한 곤경에 반응해야 한다. …… 인간은 그저 잠재적으로 무한정한 세력들의 네트워크 중 하나의 세력일 뿐이다."[58]

세상은 이데올로기와 성과 계급과 문화와 종교와 자본에 따라 엄격히 분리되어 있는 것 같지만, 코로나19는 그 모든 경계를 가로지르면서 인간은 서로 이어져 있다는 사실을 주지시켰다.[59] 이제 새로운 삶의 스타일과 패러다임, 그리고 종교적 각성이 필요하다. 그것의 대전제가 타자에 대한 관심과 배려이고, 그것의 구체적 실천이 타자의 목소리에 대한 응답과 연대라는 것을 우리는 본회퍼와 레비나스의 타자의 윤리를 통해 가늠할 수 있었다.

58 지젝/강우성 옮김, 『팬데믹 패닉』(서울 북하우스, 2020), 138.
59 강성영, 「코로나19 이후 문명과 사회의 생태적 전환과 신학의 과제」, 『세계와 선교』 234(서울 한신대학교 신학대학원, 2020), 37-44.

코로나 팬데믹이라는 전대미문의 사태 속에서 인류는 강제된 선택의 상황으로 몰리고 있다. 뉴노멀을 인정해야 하고, 언택트 상황에 적응해야 하며, 사회적 거리두기를 실천해야 한다. 그 과정에서 사회적 약자들, 이방인들, 소수자들, 노인들은 달라진 세태에 적응하지 못해 도태되는 상황이 발생하고 있다. 이러한 증상은 점점 심해질 것이고, 그로 인해 디스토피아적 세상으로 진입하게 될 것이라는 전망은 그것의 사실 여부를 떠나 이미 유포되어 버린 코로나19 묵시록이 되었다.

우리는 이 시점에서 코로나19라는 거대한 파도에 휩쓸려 그동안 지키고 사수했던 중요한 가치들이 휩쓸려가고 있는 것은 아닌지 경계해야 한다. 우리가 간직했던 소중한 정신과 신앙이 팬데믹이라는 '불가항력'에 휩쓸려갈 때, 사회는 야만의 법칙들이 난무하는 정글이 될 수 있다. 어쩌면 바이러스보다 더 위험한 것은 팬데믹으로 인해 번지는 불안과 의심, 타자에 대한 경계와 배제의 마음이 아닐까 싶다. 왜냐하면 바로 그 지점에서 타자에 대한 혐오가 출몰하기 때문이다. 코로나19 상황 속에서 외국인 혐오, 소수자 혐오, 노인 혐오, 개신교 혐오, 빈곤 혐오 등이 같은 맥락에서 등장했다.

최초의 '축의 시대'가 고통에 신음하는 타자들의 통곡에 반응하면서 시작되었던 것처럼, 다시 문명은 코로나19를 통해 타자들의 고통의 목소리에 주목하라고 우리들에게 요청하고 있다. 분명 코로나 팬데믹은 전 지구를 위기와 혼란으로 빠뜨린 것은 분명하다. 하지만 이 위기가 파국catastrophe으로 끝나서는 안 된다. 성서는 파국을 말하지만, 그것은 파멸을 의미하는 파국catastrophe이 아니라, 새로운 시작을 알리는 파국apocalypse이다. 아포칼립스적 파국 관점에서 코로나19를 바라본다면 그것은 위기이자 기회이고, 절망이자 한편으로는 희망이다. 바로 이 지점에서부터 타자의 목소리에 귀 기울이고 손을 내미는 인간들의 노력과 분투가 전개되면서 새로운 '축의 시대'가 펼쳐질 것이다.

기독교 윤리의 새로운 자리가 있다면 팬데믹을 계기로 전개되는 문명의 전환기에 고통의 자리에 남겨진 타자들 곁에 서 있는 것이다. 존재의 그림자가 지워지고 목소리가 들리지 않는 이들을 향한 시선과 마음을 모아가는 일, 그들을 지지하고 그들과 함께 연대하는 일이 코로나 팬데믹 시대 기독교 윤리의 새로운 정언명법으로 등장했다.

IV

팬데믹 공간에서의 선교학:
'하나님의 선교'에서 '주변부로부터의 선교'로

1. 들어가는 말

팬데믹이 종결된 이후 포스트 코로나 시대를 대비하는 선교적 열망이 거스를 수 없는 신학과 교회의 과제가 되었다. 본고는 이러한 요청을 받아 '팬데믹 이후 선교 공간'이라는 제목으로 총 여섯 개의 장으로 구성했다. 서론을 제외한 네 개의 본문, 그리고 에필로그가 그것이다. 본문의 첫 장인 2장은 '하나님 선교의 어제와 오늘'이라는 제목으로 사회참여적 진보신학의 근거라고 할 수 있는 '하나님의 선교'에 대한 회고와 진단을 하는 부분이다. 3장은 '팬데믹 이후의 세계와 교회'를 주제로 코로나19 이후 정치적, 경제적, 생태적 차원에서 전개되는 위기의 본질에 대해 논의한 후, 그것들이 어떻게 팬데믹 이후 교회의 과제와 연관되는지 다룬다. 4장은 팬데믹 이후 변화된 환경 속에서 '하나님의 선교'에 대한 발전적 전환으로서 '주변부로부터의 선교'에 대해 설명할 것이다. 본문의 마지막 장인 5장에서는 2022년 제11차 WCC총회 때 등장한 에큐메니컬 운동의 새로운 모색이라 할 수 있는 '마음의 에큐메니즘'에 대한 이해를 강구한다. 나가는 글은 코로나19 이후 새롭게 펼쳐진 세상으로 나아가는 신앙인들을 위한 용기의 메시지이다.

2. '하나님의 선교Missio Dei'에 대한 회고와 진단

'하나님의 선교'는 제2차세계대전 이전까지 서구 교회가 표방한 제국주의적 선교방침에 대한 반성과 제3세계 교회들의 정치적 독립과 맞물려 등장한 새로운 선교 개념이다.[1] 제도적 교회를 하나님 나라와 동일시하고, 지나치게 1세계 중심적 사고방식에 사로 잡혔던 과거의 선교 행태를 극복하는 과정에서 탄생한 하나님의 선교신학은 역사 한 가운데서 이루어지는 하나님의 활동에 주목했고, 선교의 목적은 교회가 아니라 하나님 나라에 있음을 밝혔다.

'하나님 선교'가 등장하기 전까지 선교에 대한 인식은 서구적 사고와 방식에 대한 일방적 이식, 선교의 목적은 비신자의 회개와 세례를 의미했다. '하나님의 선교'는 선교의 주체를 하나님 자신으로 이해하고, 선교의 목적을 모든 피조물에 대한 그리스도의 지배권, 곧 하나님

---

1 '하나님의 선교' 개념은 1952년 독일 빌링엔에서 열린 국제선교대회IMC에서 칼 하르텐 슈타인(바젤선교부원장)이 처음 사용했다. ― 케네스 R. 로스 외/한국에큐메니컬학회 옮김, 『에큐메니컬 선교학』(서울 대한기독교서회, 2018) 중 「빌링겐 1952: 하나님의 선교」(111~119쪽)」; 데이비드 보쉬/김병길.장훈태 옮김, 『변화하고 있는 선교』(서울 기독교문서선교회, 2000), 576-581 참고.

나라의 구현에 두었다. 이는 선교란 교회와 함께, 교회를 넘어서 하나님 나라를 이 땅에서 일구어가는 것임을 뜻한다. 세계는 하느님의 구원의 역사가 펼쳐지는 장이고, 역사는 하느님의 약속의 관점에서 조명되었다.[2]

　하나님의 자유와 정의와 평등이 이 땅에서 이루어지는 하나님 나라 건설이 '하나님의 선교'가 지향하는 바이다. '하나님의 선교'는 물리적 교회 숫자의 증가에 주안점이 있지 않고, 불신자에 대한 맹목적 개종에만 몰입하지 않는다. '하나님의 선교'를 통해 진보적 그리스도교는 선교의 경계와 선교활동의 제약을 극복하면서 사회선교를 확장할 수 있었다.[3] 그러므로 '하나님의 선교'에 참여하는 신앙인은 주님의 종들만이 누릴 수 있는 특권인 자유와 해방을 향한 모든 피조물의 슬픔과 탄식에 함께 동참해야 하는 것이다(롬, 822). 그런 점에서 '하나님의 선교' 개념은 일찍이 본회퍼가 세속화 시대 그리스도교에 대해 언급하면

2 테오 순더마이어는 '하나님의 선교' 개념이 비체돔의 '구원사적 모델', 호켄다이크의 '약속사적 모델'로 분리되어 발전했다고 증언한 바 있다. ― 테오 순더마이어/채수일 옮김, 『선교신학의 유형과 과제』(서울 대한기독교서회, 1999), 18-27 참고.
3 한국개신교의 가장 대표적인 진보 교단인 한국기독교장로회는 2천년 동안 내려온 그리스도교 전통과 개혁교회의 맥을 계승하면서 4대문서(「신앙고백서」, 1972;「선교정책」, 1973;「사회선언지침」, 1971;「교육정책」, 1969)를 통해 신앙을 주체적으로 고백했다. 기장은 1987년의 시민혁명 후에는 변화된 사회와 지형에 걸맞게 제5문서(1987년)를 발표했고, 새 역사 50주년을 맞는 2003년에는 회년문서를 통해 새천년 상황 속에서 선교의 기치를 새롭게 표명한바 있다. 기장의 문서들은 변화하는 시대마다 요청되는 복음의 진리와 신앙의 정수를 밝혀왔다. 아울러 그것은 '하나님의 선교'가 시대마다 어떻게 해석되고 실행될 수 있는가를 둘러싼 고백이고 변증이었다. ― 한국기독교장로 총회, 『제102회 총회 국내선교 자료집』(서울 한국기독교장로회 총회, 2017), 123-308.

서 했던 유명한 구절 "하나님 없이 하나님 앞에서 하나님과 더불어"[4]와 공명한다.

　　그러나 교회가 사회를 걱정하는 것이 아니라, 사회가 오히려 교회를 걱정해야 하는 오늘의 현실에서 '하나님의 선교'는 딜레마에 빠졌다. '예수천당, 불신지옥'으로 상징되는 타자를 적대시하는 폐쇄적이고 공격적인 구호와, 일부 몰지각한 교회들의 파괴적인 전도방식은 교회를 세상으로부터 유리된 공간으로 만들었다. 분파적이고 분열적인 일부 교회의 언행이 전혀 종교적이지 않다는 것은 안타깝게도 그 구호들을 외치는 교인들만 모르고 세상 사람들은 다 아는 사실이 되었다.

　　'하나님의 선교'를 말해야 하는 교회 내부의 상황은 한층 더 복잡하고 난감하다. 자본의 원리가 유일한 정언명법이 되어버린 천민자본주의 체제를 상대로 교회는 성장지상주의를 비판해야겠지만, 다른 한편으로는 대형교회만 지속가능한 안정적 운영을 할 수 있는 현실 속에서 대형교회를 향한 흠모와 그곳으로부터 나오는 시혜적 행위에 의존하는 것 또한 사실이다. '하나님의 선교'가 자본으로부터 자유로워야 하겠지만 현실은 돈이 없으면 아무것도 할 수 없는 세상이다. 이러한 상황 속에서 교회는 하나님과 재물 양자를 모두 섬기는 하인의 딜레마에 빠져있다.

　　'하나님의 선교'가 일어나야 하는 원초적 공간인 교회의 현실이 양극화되어 있다는 것은 '하나님의 선교'가 시작되는 자리가 불가능한 가

---

4 본회퍼/손규태 외 옮김, 『본회퍼 선집 8: 저항과 복종(옥중서간)』(서울 대한기독교서회, 2010), 680-681.

능성을 놓고 기도해야 하는 장소임을 드러낸다. 교회의 빈부격차가 비성서적이고 교회적이지 않음을 우리는 너무나도 잘 인지하고 있지만, 그것이 엄연한 현실의 법칙이고 쉽게 바꿀 수 없는 진실임을 또한 너무나도 잘 안다. 전반적인 교회의 시스템을 '하나님의 선교'를 지향하는 구조로 재편할 수 있는 방법이 무엇인지에 대한 숙고가 필요한 대목이다.

이러한 복잡한 지형 속에서 '하나님의 선교'에 대한 방향전환 내지 발전적 변화에 대한 요청이 등장했고, 그것은 코로나 팬데믹 기간을 지나면서 더 가중되었다. 다음 장에서는 정치적, 경제적, 생태적 관점에서 팬데믹을 분석하고, 코로나19 상황으로 인한 한국교회의 위기에 대한 진단을 함께 모색해 보는 시간을 갖도록 하겠다. 왜냐하면 이 과정을 충실히 복기한 후에야 비로소 코로나19 이후 선교적 패러다임 전환에 대한 모색이 가능하기 때문이다.

3. 팬데믹 이후 세계와 교회

코로나19는 정치, 경제, 사회, 문화의 전 영역에서 우리의 삶을 변화시켰다. 팬데믹 상황 속에서 해묵은 국가주의가 귀환한 것은 특이한 현상이었다. 세계화의 도래와 더불어 국가의 기능이 약화되었는데 코로나 백신 정국에서 국가의 역할이 강화되는 모습을 보였던 것이다. 코로나 시국에 강화된 국가의 모습은 이기적이고 고립적이고 배타적인 형태로 나타났다. 국제정치질서 측면에서 보자면 국가가 과연 지구적 협력과 연대를 이끌어 낼 수 있는 체제인지에 대한 깊은 우려를 팬데믹 기간 내내 자아냈다. 구체적으로 방역 시행과 백신 분배에서 보듯이, 제1·2차세계대전 이후 국제적 위기관리를 위해 등장한 국제연합 체제는 코로나19로 인한 팬데믹의 위기를 대처하고 해결하는 과정에서 자국중심주의를 벗어나지 못하는 근본적인 한계를 보였다. 권위주의적 체제는 강화되고 상대적으로 시민의 힘이 위축되는 현상이 발생했다고 지젝은 지적한다.[5]

정치적 취약점 못지않게 팬데믹은 현 경제시스템에 대한 심각한 문제점을 드러내 보였다.[6] 무수한 통계가 충분히 보여주고 있듯이, 팬데믹의 많은 희생자는 우리 사회를 지배해 온 시장전체주의 신화가 정당화해 온 경제적 양극화로 인한 피해자다. 현재의 노동구조는 '원격근무가 가능한 자The Remotes'보다는 일하다 바이러스에 걸릴 것인가, 일하지 않고 굶을 것인가 기로에 놓인 필수 영역의 노동자The Essential가 많은 현실이다. 팬데믹 상황 속에서 급격하게 늘어난 음식배달 라이더

---

5 지젝/강우성 옮김, 『팬데믹 패닉』(서울 북하우스, 2020), 165-186.
6 지젝은 코로나 팬데믹을 세계화의 한계와 종말을 지시하는 징후적 사건으로 파악한다. "바이러스가 우리 삶의 기반들 자체를 흔들어놓을 것이며, 엄청난 양의 고통은 물론 대불황보다 더 극심한 경제적 혼란을 불러일으킬 것이라는 사실이다. 일상으로 다시 돌아갈 길은 없고, 새로운 일상이 옛 우리 삶의 잔해들로부터 만들어지거나, 이미 조짐이 선명하게 보이는 새로운 야만에 접어들게 될터이다....과학자들이 수년에 걸쳐 경고했음에도 우리를 아무 대비 없이 파국에 빠지게 만든 우리 시스템은 뭐가 잘못된 것일까?" — 지젝/강우성 옮김, 『팬데믹 패닉』(서울 북하우스, 2020), 20.

나 택배기사가 대표적 예라 할 수 있다. 코로나19는 플랫폼 노동자의 현실이 부각되면서 21세기 자본주의가 지니고 있던 양극화의 현실과 불평등한 노동구조를 극명하게 드러내 보였다.7

　　팬데믹이 도래하기 이전부터 열악한 노동조건을 감내해야 했던 사람들이 존재했고, 자본주의사회에서 노동자로서의 경쟁력을 상실한 요양병원의 환자들, 노인들 그리고 취약한 빈곤 계층들이 이미 우리 사회의 음지에서 신음하고 있었다. 실정법이 정한 질서 안에서 본인들의 권리와 인권을 말할 수 없는 사람들, 성소수자, 난민, 외국인노동자, 노숙인, 이주민들이 소리쳤으나 교회와 신자들은 그들의 목소리를 충실하게 반응하지 않았다. 바로 그들이 취약한 삶의 조건에서 감염자가 되었고, 되려 팬데믹의 희생자가 된 이들이 낙인과 혐오의 대상으로 전락하는 어처구니 없는 현실을 우리는 목도했다.

　　생태적 관점에서 팬데믹을 바라보면 더욱 비극적이다. 생태학자들은 코로나19 바이러스의 출현을 산업혁명 이후 아무런 비판과 반성 없이 진행되어 온 전 지구적 수탈 자본주의 시스템에 대한 지구의 반격이라고 말한다. 사스, 신종플루, 메르스, 코로나19 등 최근 창궐한 감염병은 모두 인수공통감염병이었다는 점이 그것을 입증한다. 이들의 출현은 발전과 진보의 이름으로 자연 자원을 무자비하게 착취해 온 과정과 깊은 관계를 지니고 있다. 무분별한 개발로 야생 생물들의 서식지가 점

7 앞의 책, 35-44.

차 줄어들어 왔다. 그 결과 인간과 동물 사이에, 그리고 문명과 자연 사이에 서로를 존중하고 서로의 생존을 지켜 줄 수 있는 거리와 간격도 사라지고 말았다. 급기야 자연은 자신을 지키기 위한 자위권을 발동해야 하는 상황이 되었고, 인수공통 감염병들은 자연의 생존 과정에서 나타나는 당연한 반응이다.[8]

팬데믹은 우주의 삼라만상의 모든 살아있는 것, 그리고 무생물 사이가 촘촘히 엮어져 있다는 사실, 그리고 그들 사이 아주 강한 관계성과 상호성이 작동하고 있다는 사실을 전했다. 이러한 시각은 인간중심적 사고에서 탈피해 생명계 전체의 관계성에 주목하라는 요청으로 다가온다. 성서의 전통은 이미 수천 년 전부터 진리를 알고 있었던 것 같다. 이사야 예언자는 "땅이 통곡하고 고달파 한다(사, 339)"면서 야훼께 호소했고, 예레미야는 "이 땅이 언제까지 슬퍼하며, 들녘의 모든 풀이 말라 죽어야 합니까?"(렘, 12)라고 하면서 신에게 따진다. 곧이어 그는 자연의 고통을 인간의 죄와 연결시킨다. 인간과 자연, 그리고 다른 동료 피조물들 관계 사이에 인간이 놓여있음이 드러나는 대목이다.

팬데믹 시대 사회현상을 가장 상징적으로 드러내는 말은 '사회적 거리두기'라 할 수 있다. 21세기 소비사회의 한 패턴이던 언택트 문화는 팬데믹 기간 정부의 방역정책 과정에서 '사회적 거리두기'로 탈바꿈되었다. 사회적 거리두기라는 방역 수단은 국민들로 하여금 언택트를

---

8 한국기독교교회협의회 신학위원회, 크리스찬아카데미 공동기획/공동편집, 『바이러스, 팬데믹 그리고 교회』(서울 여해와 함께, 2022), 148-170.

피할 수 없는 삶의 원칙처럼 받아들이게끔 했다. 이 대목에서 우리는 사회적 거리두기의 의미를 숙고해 볼 필요가 있다. 그것이 자칫 사회적으로 관계를 멀리하자는 의도로 고착화 될 수 있기 때문이다.

특별히 '사회적 거리두기'에 대한 신학계의 위기의식은 심각하다. 21세기 자본주의가 추구하는 인격적 상호작용을 생략한 연결방식이 다른 모든 영역에서는 승리를 거두었지만 교회에서는 정상적으로 작동되지 않았다. 그런데 팬데믹을 계기로 교회 상황도 역전된 것이다. 거리두기 시대에 교회가 물어야 할 가장 시급한 질문은 "이웃사랑을 외치는 교회가 진실로 우리 안으로 들어온 타자들, 혹은 교회 밖에 있는 타자들을 환대하고 배려하는 공동체로서 면모를 보이고 실천해 왔는가?"라는 물음이다. 어쩌면 우리가 진실로 극복해야 할 대상은 바이러스가 아닐지도 모른다. 우리가 묵인해 왔던 차별과 배제와 무관심의 거리두기가 진정으로 극복해야 할 대상이다. 동료 피조물과 더불어 서로 존중하고 돌보는 삶의 거리가 망각되고 무너진 곳에서 재난이 발생했음을 우리는 명심해야 할 것이다.

4. 주변부로부터의 선교: '리부팅 하느님의 선교'

이 장의 제목을 '주변부로부터의 선교mission from the margins'라 이름지었고 부제를 '리부팅 하나님의 선교'라고 붙였다. '주변부로부터의 선교'가 아직 생경한 개념이어서 독자들이 거부감을 느낄 수도 있기에

'리부팅 하나님의 선교'라는 설명을 달았다. 이런 까닭에 '하나님의 선교'와 '주변부로부터의 선교' 간의 차이를 설명하는 것은 중요하다. 우선 '하나님의 선교'가 훈고학적인 문헌, 혹은 화석화된 선언이 아니라는 점을 밝힐 필요가 있겠다. '하나님의 선교'는 시대와 역사 앞에 열린 해석의 체계이고, 떨리는 신앙의 고백이며, 고뇌에 찬 결단의 언어와 실천으로 존재한다.

하나님의 선교는 그리스도교 역사에서 등장한 소중한 선교 전통이다. 교회는 세상을 향해 자신을 개방하면서 하나님이 세상을 사랑하신다는 사실을 증거하고, 사람들을 초청하면서 하나님이 우리를 세상으로 초대하셨음을 증언한다. 교회는 '하나님의 선교'를 통해서 세상 가운데서 일하시는 하나님을 경직된 교회의 구조와 교리에서 해방시켜 보다 변혁적이고 역동적인 신의 자리로 위치시킬 수 있었다. 하지만, '하나님의 선교'는 이런 공헌에도 불구하고 다음과 같은 문제를 우리들에게 던진다.

하나님이 선교의 주체라면 인간의 몫은 어디에 있고, 교회의 역할은 무엇인가? 교회와 성도는 하나님 나라 건설과 무슨 연관이 있는가? 아브라함과 예수 그리스도의 십자가 사건을 중심으로 하는 구원사적인 '하나님의 선교'가 자칫 다른 지역의 역사와 상황 속에서 강조될 때 충돌할 우려는 없는가? 오늘의 지구촌은 '하나님의 선교'가 나왔던 시절과는 전적으로 다른 변화된 삶의 조건과 상황으로 내몰린 세상이다. 이러한 현실 속에서 '하나님의 선교'는 오늘 어떤 의미로 다가오는가?[9]

무엇보다 '하나님의 선교'가 벌어지는 작금의 세계는 세계화, 탈이데올로기, 다인종, 다문화, 다종교, 중심의 다변화, 디지털 혁명, 기후위기 등이 뒤섞여 있는 복합위기사회이다. 여기에 팬데믹 상황이 추가되었다. 오늘의 현실은 '하나님의 선교'가 지향하는 구원사나 약속사의 틀 안으로 편입이 안 된다. 그것을 포함한 더 조밀한 해석의 도구가 필요하다. 왜냐하면 작금의 세계는 복합적이고 중층적인 문제들이 서로 교차하는 사회이고, 이전 시대처럼 보혁구도, 선과 악, 미와 추, 진과 위의 이분법적 도식과 양자택일의 방법으로는 사물의 진면목과 사건의 진상을 파악할 수 없는 세상이기 때문이다.

지난 세기 치열했던 이데올로기 대결이 끝난 자리에서 민족분규, 종교전쟁, 극우주의의 발호가 진행되고 있다. 제도종교 생활을 하는 사람들은 급감하지만 '종교적인 것'에 대한 관심은 증가하는 추세이다. 대안적인 종교 행위와 원초적인 영성을 갈구하는 사람들이 꾸준히 늘었다는 언론보도도 쉽게 접할 수 있다. 제도종교가 쇠퇴하는 탈종교사회의 면모와 반대로 세속화를 벗어나 종교적인 것을 추구하는 탈세속화 현상이 양립하는 혼종적 사회! 바로 그것이 21세기 종교의 지형도

---

9 선교신학자 채수일은 '선교신학은 선교 주체와 선교 현장에 대한 신학적 성찰에서 시작한다. 그러므로 한국교회의 선교신학을 모색할 때 우리는 무엇보다 선교의 한 주체인 한국교회를 분석해야 한다'면서 '지금-여기'서 유통 가능한 '하나님 선교'를 다시 질문해야 한다고 주장한다. 그는 '선교는 프로그램 개발 문제가 아니다. 선교는 사업을 통해서가 아니라 존재로 하는 것이다'라면서, 교회와 지도자와 신도의 존재론적 새로움, 곧 거듭남(회개)을 강조하는 '존재로서의 선교'를 주장한다. ― 채수일, 『에큐메니칼 선교신학』(오산 한신대출판부, 2002), 300-301.

이다.[10] 이렇듯 변화된 세계 속에서 '하나님의 선교'에 대한 발전적 모색이 요청되었고, 그것은 팬데믹 이후 더욱 가속화될 것이다.

그러한 문제의식 아래 '하나님의 선교'를 이 시대의 언어로 전환하고 보강하려는 노력이 있어 왔는데, 그것을 "주변부로부터의 선교"[11]라 부른다. 현대성의 담론과 추세인 타자성, 다원성, 차이, 다름에 대한 성찰은 '하나님의 선교'에 대한 인식에도 변화를 끼쳐 주체가 아닌 타자, 중심이 아닌 변방, 홀로주체성이 아닌 상호주체성, 차이와 다름을 있는 그대로 섬기는 신학선교 패러다임으로의 전환을 요청했다. 이것이 '주변부로부터의 선교'가 등장한 간략한 담론사적 배경이다.

'주변부로부터의 선교'는 피조물 각자의 타고난 존엄성에 대한 성찰과 연결되는 문제이고, 더 나아가 하나님이 창조 사역 후에 모든 대상을 향해 '보시기에 좋았더라'고 하셨던 축복과 환대에 대한 재발견이라 할 만하다. 흔히 제2의 창조 사건이라 언급되는 '노아의 방주' 이야기에서 토라는 새롭게 이루어 갈 하나님 나라 주인공의 명부에 정결한

---

10 앞의 책, 302-303.
11 WCC는 선교와 전도에 대한 새 에큐메니컬 성명 「함께 생명을 향하여Together to-wards Life」; TTL문서)를 2012년 9월 5일에 그리스의 크레타섬에서 열린 WCC 중앙위원회에서 만장일치로 승인했다. TTL문서 「111. 해방의 성령: 주변으로부터의 선교」을 참조하라. 금주섭 엮음/정병준 옮김, 『함께 생명을 향하여: 변화하는 세계 지형 속에서 선교와 전도. WCC 선교 성명과 지침서』(서울 대한기독교서회, 2016), 33-43; TTL문서는 제10차 WCC 부산총회에서 결의되어 통과되었다. 이후 2016년 세계교회협의회에서 펴낸 『에큐메니컬 선교학』에서 '주변부'라는 제목으로 다루어졌다(「함께 생명을 향하여: 기독교 지형 변화 속에서 선교와 전도」, WCC 10차 총회 자료 모음, 88-90); 케네스 R. 로스 외/한국에큐메니컬학회 옮김, 『에큐메니컬 선교학』(서울 대한기독교서회, 2018), 469-484.

짐승뿐 아니라 부정한 것들까지 합류시킨다(출, 72). 예수가 빌라도 재판 전 게세마네 동산에서 한 마지막 기도 가운데 "아버지께서 나에게 주신 사람을, 나는 한 사람도 잃지 않았습니다"(요, 189)라고 한 대목은 예수사건의 핵심에 당당히 주변부가 포함되어 있음을 드러내 보인다. 성서에는 이 밖에도 '주변부로부터의 선교'를 지지하는 발언들이 즐비하다.

'주변부로부터의 선교'로 전환하기 위해서는 교회의 체질 개선이 필요하다. 목회자 중심에서 평신도 중심의 의사결정 구조를 만들어 발화 권력의 민주화와 의사소통의 다변화를 꾀하는 일이 중요한 선결 조건이 된다. '주변부로부터의 선교'는 탈권위적이고 개방적이며 친교적이어야 하기에 개인의 차이가 차별의 조건이 되지 않고, 공동체 안에 배제와 혐오가 있어서는 안되는 구조다. 이는 우리로 하여금 중심에서 주변으로 나아갔던 기존 교회의 선교방식과 신앙 형태를 성찰하게 하고, 그것을 가능하게 했던 구조를 비판적으로 숙고하게 만든다. 이런 이유로 '주변부로부터의 선교'는 종교, 인종, 성별, 계급, 지역, 나이, 경제 등 서로 다른 정체성을 인정하는 차이의 정치학을 지향한다. 이 말은 '주변부로부터의 선교'는 동일성의 원칙에 기반한 특정 집단이나 권력이 위력을 갖지 않도록 늘 깨어서 긴장하는 가운데 자유롭고 수평적인 의사소통과 연대를 도모해야 가능하다는 말이다.

'주변부로부터의 선교'가 이와 같은 고백과 선언을 할 수 있는 이유는 오직 하나님의 주권만이 우리 안에 있다는 강한 신앙고백이 있기에 가능했다. 중심은 비어 있지만 그 중심에는 인간적인 권력, 지위, 지식, 자본, 그 밖의 자랑거리들이 자리할 수 없다. 오직 주님만이 중심에 있고 모든 존재들은 주변부에 위치한 공동피조물들이다. 주변부에 있는 존재들 사이에는 어떠한 위계와 질서가 없다. 끊임없는 대화와 친교, 관심과 배려, 화해와 일치만이 있을 뿐이다. 그들 사이에 존재하는 유일한 일치란 우리가 하나님의 사랑으로 연결되어 있다는 고백뿐이다. 그리하여 '주변부로부터의 선교'는 궁극적으로 모든 피조물이 하나님의 사랑으로 연결되어 있음을 깨닫고, 성령의 하나되는 능력을 신뢰하면서 분열된 세계를 향한 행진을 선언한다.

구호와 담론 차원에 머물렀던 존재의 존재다움, 타자의 타자다움에 대한 문제가 팬데믹을 거치면서 현실의 사태로 부상했고, 이는 신학적으로도 영향을 끼쳐 '하나님의 선교'의 확장판인 '주변부로부터의 선교'가 앞으로의 선교 패러다임이 될 것이라는 예상을 가능하게 한다. '주변부로부터의 선교'에 대한 이론적 논의들이 풍성하게 이루어지기 이전에 팬데믹이 당도했고, 이는 '주변부로부터의 선교' 입장에서 볼 때 스스로 자기증명을 할 수 있는 좋은 기회가 되었다. 다음 장에서 다룰 '마음의 에큐메니즘'도 '주변부로부터의 선교'의 자장 안에 있다고 보면 맞다.

5. 마음의 에큐메니즘

　　우리 의지와 상관없이 전개된 감염병 상황은 그리스도인들로 하여금 지금까지의 삶에 대한 깊은 반성과 회개, 그리고 전향을 요구한다. 세계교회가 2022년 독일 칼수루에서 열린 제11차 WCC의 총회 주제를 '그리스도의 사랑이 세상을 화해와 일치로 이끄신다'로 정한 것은 이러한 시대의 요청에 대한 답변이었다.12 그리스도의 사랑은 거룩한 수직적인 사랑이지만, 그 사랑은 또한 세상을 향한 수평적 차원에서 작동되는 사랑이다. 그리스도의 사랑은 그동안 존재의 자기다움을 발현하지 못해 고통당했던 실존들의 마음을 살피고 보듬는다. 그리스도의 사랑의 언어만이 성서 앞에 놓여있는 다양한 존재들의 아픔과 마음을 감싸 안을 수 있다. 자유, 해방, 정의 같은 거대한 이야기도 중요하지만, 존재 하나하나의 미세한 음성과 마음과 몸짓에 예민하게 반응하는 사랑에 대한 요청이 팬데믹을 거치면서 시대의 요구로 떠올랐다.

　　이데올로기기 시대가 저물고 작은 이야기들의 발견이 21세기 지식 사회를 이끄는 담론의 추세다. 그동안 거대 서사의 목소리에 가려 들리지 않았던 미세한 마음의 소리에 귀 기울이는 것은 어쩌면 당연한 귀결인지도 모르겠다. 코로나 팬데믹은 고통당하는 다양한 타자들의 마음의 소리에 주목하라는 교훈을 남겼다. 이런 이유로 WCC는 최초로 그리스도의 사랑이 들어간 공식표어를 제11차 총회 때 전면에 내세운 것

---

12 도널드 노우드/한강희 옮김, 『신앙의 순례 세계교회협의회의 역사와 주제』(서울 대한기독교서회, 2021), 5-10.

이다. 치유와 용서, 화해와 일치가 구체적인 실존과 마음의 차원에서 작동되어야 하는 국면으로 에큐메니칼 운동이 변화해야 한다고 세계교회는 증언하고 있고, 이러한 과정을 거치면서 "마음의 에큐메니즘An Ecumenism of the Heart"13이 미래세대를 위한 선교의 표제어가 되었다.

'마음의 에큐메니즘'의 등장은 성서해석학 분야에서 일고 있는 최근의 변화와도 상관이 있 다. '성서 뒤의 세계', '성서 안의 세계'를 읽어내려는 시도 못지않게 '성서 앞의 세계'를 읽어내려는 노력이 근래 성서해석의 중요한 원리로 작동하고 있다.14 성서를 지배하는 어떤 권위적인 목소리, 절대적인 객관성에 대한 연구는 많이 약화되었다. 종전에 중요하게 취급되었던 성서가 형성된 배경과 역사에 대한 이해가 물론 지금도 성서해석의 기본임은 분명하나 그렇다고 절대적 기준이 되는 것은 아니다. 근래 중요하게 부각되고 있는 관점은 지금 성서를 읽고 있는 독자가 처한 상황과 마음, 즉 '성서 앞의 세계'이다. 전통과 역사에 입각해 성서를 읽어내려 했던 과거와 다르게 현대 성서해석학은 성서 앞에 놓여있는 다양한 실존들의 마음과 목소리를 중요하게 생각하고, 그것들을 말하게 하면서 컨텍스트에서 텍스트로의 진입을 시도한다.15 특별히 코로나 상황을 거치면서 우리시대 다양한 타자가 수면

---

13 '마음의 에큐메니즘'은 제11차 WCC 카를수르에 총회에서 언급되었다. 총회 주제해설서 (19~21쪽)를 참조하라. WCC 주제해설 링크. https//www.oikoumene.org/resources/ publications/christs-love-moves-the-world-to-reconciliation-and-unity-a-re- flec-tion-on-the-theme-of-the-11th-assembly-of-the-world-council-of-chu- rches-karlsruhe-2022.
14 김창락 외, 『성서를 읽는 11가지 방법』(서울 생활성서, 2001), 9-26.

으로 떠올랐고, 그들의 처지와 상황이 주목을 끌었다. '성서 앞의 세계'에 주목하는 작자들은 마이크와 카메라를 팬데믹 앞에 서 있는 고통당하는 타인들에게로 돌려 그들의 다친 마음을 도닥인다.

　이 대목에서 '왜 마음이 문제인가'라는 질문을 던질 수 있다. 마음은 뒤르켐 이후 사회적 현상과 불가분의 관계를 맺는 것으로 언급되나, 그렇다고 마음이 사회적 현상에 전부 드러난다는 말은 아니다.16 오히려 마음은 사회적 표층 위에서 미끄러져 사라지는 무엇이다. 사회적 증상으로, 혹은 징후적 사건 형태로 마음은 감지되나 그것이 마음의 전부는 아니다. 여기서 마음의 문제는 레비나스에 가서 타자 문제와 만난다.17 후기자본주의 사회에서 등장하는 소외 문제는 권력과 자본에 의해 배제되는 존재들, 즉 타자성과 관련된 문제이다. 타자는 의미로 환원되지 않는 어떤 영역이자 대상이다. 동일성으로 포섭되지 않고 배제된 존재가 타자이고, 그래서 타자론에는 결핍과 잉여가 동반된다. 뒤르켐이 사회를 통해 마음에 접근한다면, 레비나스는 사회를 통해 타자를 발견한다. 타자의 현존으로 인해 나의 자발성에 문제제기가 일어나는 것을 레비나스는 윤리가 불렀고18, 본회퍼는 이를 받아 교회를 '타자를

15 앞의 책, 23-24.
16 에밀 뒤르켐/윤병철 외 옮김, 『사회학적 방법의 규칙들』(서울 새물결, 2019), 55.
17 "오직 사회를 통해서만 나는 타인과 관계를 맺는데, 이 사회는 단순히 개체나 대상의 다수성이 아니다. 나는 어떤 전체의 단순한 부분도 아니고 어떤 개념의 독특성도 아닌 타인과 관계를 맺는다. 사회적인 것을 통해 타인에게 가닿는 것은 종교적인 것을 통해 타인에게 가닿는 것이다. 이렇게 해서 뒤르켐은 객관적인 것의 초월성과는 다른 초월성을 간취한다." ― 레비나스/김동형 외 옮김, 『전체성과 무한』(서울 그린비, 2018), 87.
18 앞의 책, 43.

위한 존재'라고 정의했다.[19] 이것이 '마음의 에큐메니즘'이 등장하게 되는 배경이다.

인간은 저마다의 역사와 문화, 성과 인종과 계급, 지역과 세대의 차이에 따라 서로 다른 실존적 상황에 놓이기 마련이다. 다양한 마음의 결과 차이를 하나의 도덕과 도그마로 묶을 수 있다는 믿음의 체계가 환상이고 이데올로기인데, 팬데믹 기간 동안 그것이 작동되지 않았다. 1990년대 이후 출생한 포스트모던 이후의 세대들, 1997년 IMF를 지나면서 태어나고 성장한 MZ세대들에게 이전과 같은 단일한 선교전략, 일방적 복음강요, 시대와 호흡하지 못하는 선교정책은 교회를 향한 발길을 무겁게 하거나 끊게끔 하는 요인이 되었다.

팬데믹은 그동안 위태롭게 유지되고 있던 기존 교회 시스템 전반에 대한 재고를 요청한다. 세계 교회는 팬데믹 상황을 직시하면서 미래 교회의 주역인 젊은 세대를 향한 선교 방향 설정을 놓고 고민했고, 시대와 함께 호흡하는 미래세대를 향한 새로운 선교 구호로 '마음의 에큐메니즘'을 제안한다. 팬데믹 이후 변화된 세상은 이전과는 다른 시선을 우리들에게 요청하고 있고, 나는 그 대안이 과거와 같은 거대 서사, 집단이데올로기를 반복해서는 안 된다고 본다. 지금 우리에게 필요한 것은 강철같은 의지로 대의를 성취하겠다는 야망이 아니다. 현재의 위기를 정직하게 바라보면서 소망 가운데서 각자의 자리에서 내가 믿는 선

---

19 본회퍼/손규태 외 옮김, 『본회퍼 선집 8: 저항과 복종(옥중서간)』(서울 대한기독교서회, 2010), 711.

한 싸움을 다할 수 있게 하는 용기이다.

6. 나가는 말: 남겨진 사람들을 위하여

요약하면 이렇다. 오늘의 지구촌은 코로나19라는 역병이 휩쓸고 간 뒤에 남은 황망함과 절망감이 뒤섞인 세상이다. 코로나19 팬데믹은 지금과는 다른 세상이 펼쳐질 것이라는 문명대전환의 예고다. 일부 기득권을 지닌 국가들이 자국이기주의에 입각해 지구의 운명을 결정하던 방식에서 탈피해 지구생명 전체와 미래까지를 염두에 둔 거버넌스가 만들어져야 한다는 요청이 등장하고 있고, 자본에 의한 전 지구적 지배로 인해 벌어진 경제적 불평등의 심화와 그에 따른 첨예한 양극화가 얼마나 큰 죄악이고 사회적 적폐인지가 코로나19 상황에서 만천하에 드러났다.

그리스도교의 역사와 전통은 하나님과 모든 피조물 사이에 임한 성령의 사역을 믿는다. 또한, 인간과 동료 피조물, 우리와 타자 사이에 임한 예수 그리스도를 통한 깊고도 넓은 화해와 연합의 역사를 믿는다. 여기서 언급한 타자는 나 이외의 인간을 의미하는 것을 넘어선다. 그것은 인간을 넘어 비인간 존재들, 동물과 식물 그리고 지구촌 생태계를 아우르는 것이다, 그러므로 '우리가 타자와 대면하고 관계한다'라는 말은 모든 (비)생명 가운데 깃들어 있는 신의 섭리를 발견하고 경험한다는 의미이다. 이 말은 인간은 하나님의 구원의 능력과 활동 영역을 제한할 수 없다는 함의를 내포한다. 왜냐하면 우리가 증언하는 그리스도는 '만유시요 만유 안에 계시는'(골, 39) 우주적 그리스도이기 때문이고, 우리가 모이고 고백하는 교회는 오순절 마가다락방 성령강림사건(행, 21-13)에 나오는 막힌 담을 허무는 화해의 공동체이기 때문이다.

우리가 증언하는 하나님 나라는 현실에 뿌리박지 않은 미래로부터 오는 주술이 아니다. 우리가 믿고 선포하는 하나님 나라는 이 땅에 존재하는 이름 모를 나그네들의 마음을 살피고, 타자들의 목소리에 귀 기울이고 책임을 지며 환대하는 사람들의 기도와 헌신이 있는 현장 가운데로 임하는 하나님 나라이다. 지난 이 천년 그리스도교의 역사가 그것을 보증하고, 앞으로 펼쳐질 그리스도교의 미래가 그것을 계속적으로 증언할 것이다. 팬데믹을 뒤로하고 "보라, 내가 새 일을 행하리라"(사, 4319)는 주님 말씀을 의지해 세상을 향해 행진하는 신앙인들에게 성서는 다음과 같은 위로와 격려, 그리고 희망의 메시지를 선포한다.

내가 이것을 너희에게 말한 것은, 너희가 내 안에서 평화를 얻게 하려는 것이다. 너희는 세 상에서 환난을 당할 것이다. 그러나 용기를 내어라. 내가 세상을 이겼다(요, 1633).

팬데믹, 파시즘 그리고
새로운 종교 공간

1

코로나19 기간을 지나오면서 개인적으로 강하게 떠오른 단어는 파시즘이었다. 21세기 최첨단 테크놀로지 시대에 지난 세기 유물이라 할 수 있는 파시즘의 망령이 되살아날 리 만무하나 그럼에도 불구하고 파시즘이 떠오른 것은 어떤 연유에서일까. 이데올로기의 각축장이었던 20세기는 자본에 의한 전 지구적 제패라는 신자유주의 승리서사로 마무리되었다. 그것은 한국 땅에서는 1987년 시민혁명과 절차적 민주주의의 완성이라는 자부심과 맞물리면서 더욱 크게 증폭되었다. 20세기 말을 지나고 새로운 천년으로 진입하면서, 그리고 21세기도 어느덧 20년이 훌쩍 넘어버린 현시점에서 사람들은 훈육과 억압을 통해 인민들의 신체를 통제하던 메타적 파시즘이 사라졌음을 확연히 체감하고 있다. 그럼에도 불구하고 뭔가 석연치 않은 것들이 내내 있었다. 하지만 그것이 무엇인지는 뚜렷이 보이지 않았고 그것이 21세기 자본이 선사하는 새로운 억압의 방식인지도 몰랐다. 그런데 코로나19를 계기로 가려져 있던 베일이 벗겨졌다.

팬데믹은 권력의 작동방식이 어떻게 강제가 아니라 인민의 동의를 통해 이루어지는지를 드러내 보였다. 사회적 거리두기, 록다운, 마스크 착용의 의무화, 집회와 결사의 금지, 백신의무화 등 군부파시즘 못지않은 보건파시즘이 아래로부터 호응을 받으며 이루어지는 것을 보면서 뭔가 석연치 않았다. 그 과정에서 마땅히 논의를 했어야 했던 의제인 공동체의 안전과 개인의 자유 사이 관계설정의 문제, 공중보건을 위해 집행하는 권력의 범위를 어느 선까지 정할 수 있는지에 대한 문제, 재난 상황에서 대타자(국가)가 정한 규율을 지킬 수 없는 존재들을 향한 관심과 배려의 문제 등에 있어 현 체제는 아무런 대안과 대책을 강구하지 않았다. 오로지 방역과 보건이라는 정언명법으로 만사를 줄세우고 판단했다. 사라진 줄만 알았던 파시즘의 유령이 팬데믹 상황 속에서 스멀스멀 올라오는 순간이었다.

2

코로나19는 공동체 안에 은폐되어 있던 새로운 파시즘 문제, 즉 구조적 파시즘 문제 못지않게 일상을 억압하는 미시적 파시즘 문제가 우리시대 혐오와 폭력을 정당화하는 기제가 될 수 있음을 보여주었다. 물론 미시적 파시즘을 어떻게 규정해야 할지도 논의의 대상이다. 이데올로기와 체제 논리가 더 이상 강제수단으로 작동하지 않는 현대사회이다. 그럼에도 오늘날 일반 시민들이 일상에서 느끼고 말하고 행위하는 방식에는 일정한 패턴이 있다. 그것은 일종의 무의식적인 습관과 관성이라 말할 수 있을 것 같은데, 그것은 우리도 모르는 사이에 마음속 어딘가 자리잡고 있는 것이고, 느껴지지만 눈에는 보이지 않는 그 무엇이다.

코로나19가 유행하던 시기에 창궐한 혐오의 증상은 새로운 파시즘의 도래를 예감케 하기에 충분했다. 팬데믹 기간 내내 사회적 약자를 향한 무방비적인 혐오 표현과 행위가 전세계적으로 난무했던 것을 우리는 똑똑히 기억한다. 흑인과 아시안에 대한 공공연한 폭행, 난민과 이주민, 가난하고 늙고 병든 사람들에게 대한 노골적인 배제가 범람해도 별다른 조치를 취하지 않는 패역한 세상 한 가운데로 우리는 몰렸다.

특별히 한국 사회는 팬데믹 이후 도래한 새로운 파시즘과 그로 인한 혐오 현상이 적나라하게 드러났던 공간이 아니었나 싶다. 외국인 입국자에 대한 혐오, 특정 종교집단에 대한 혐오, 그리고 성소수자에 대한 혐오가 팬데믹 상황에서 확연히 드러났기 때문이다. 이 모두가 법과 제도와 이데올로기가 동원된 거시적 파시즘이 아닌 우리 안에 똬리를 틀고 앉은 내 안에 있지만 나도 모르는 우리의 안의 파시즘으로 인해 야기되었다.

III장에서 살펴본 혐오 사례들은 코로나19가 한국사회에서 미시적 파시즘을 작동시켜 혐오의 정치학과 배제의 메커니즘으로 나타난 현상들이다. 실상은 팬데믹이 있기 전부터 우리사회에는 주류문화에 밀려 밖으로 내쳐진 배제당한 사람들이 있었다. 그동안 잘 보이지 않았었는데, 코로나19를 계기로 우리 사회 약자가 누구인지가 명확히 드러났다. 인종과 종교가 다른 사람들, 문화와 관습이 다른 사람들, 성과 지위와 계급과 연령이 다르거나 낮거나 노쇠한 사람들이 재난 속에서 무방비 상태로 위험에 노출되었다. 그동안 알고는 있었으나 말하지 않았던 우리 시대의 치부가 팬데믹을 거치면서 온천 하에 드러난 셈이다. 숨어있던 미시적 차원에서의 파시즘, 일상에서의 파시즘은 이렇게 코로나19를 틈타 우리 앞으로 다가왔다.

3

이 대목에서 한국의 미시적 파시즘을 드러내는 특별한 사례가 있어 소개한다. 그것은 바로 20대 여성자살율의 급증이다.[20] 통계에 의하

20 임재우, 「조용한 학살, 20대 여성들은 왜 점점 더 많이 목숨을 끊나」, 『한겨레신문』(최종검색일 2023. 12. 31). https://www.hani.co.kr/arti/society/society_general/969898.html. 김종현, 「무엇이 20대 여성을 절박하게 하나.…… 급증하는 극단선택」, 『연합뉴스』(검색일 2023. 12. 31). https://www.yna.co.kr/view/AKR20210930161600002. 「코로나19 이후 20대 여성 자살률 증가, 경제적 어려움이 1위」, YTN라디오 이슈&피플(검색일 2023. 12. 31). https://www.youtube.com/watch?app=desktop&v=HR7HcuDG4-4.

면 2020년 1~8월 20대 여성의 자살율은 전년(2019년) 대비 43%나 증가해 전 세대와 성별을 통틀어 가장 높았다. 같은 시간 20대 여성의 카드 연체율, 현금서비스 사용률, 주거 지원 요청비율이 큰 폭으로 상승했다. 2020년 3월 한 달에만 20대 여성 12만 명이 일자리를 잃었다는 보도도 나왔다. 이는 20대 여성의 자살률 급등이 경제적 요인과 밀접하게 연관되어 있음을 추측할 수 있는 대목이다. 이러한 지표들은 우리사회에 위기와 재앙이 닥쳤을 때 노동현장에서 가장 먼저 제거되는 집단이 20대 여성이라는 사실을 가리킨다.[21]

　　법적으로나 제도적으로 현대 여성의 지위는 남성과 동등하거나 심지어 남성보다 우월하고 유리한 조건에 있다고 선전되지만 실상은 그렇치 않다. 일상을 지배하는 미시적 폭력은 겉으로 드러난 거시적 혁명의 성취에 비해 한참 느리게 개선되기 때문이다. 겉으로 보이는 남녀의 불평등이 사라졌다고 해서 디테일한 폭력이 사라지지는 않는다. 혁명이 일어나면 세상이 일거에 바뀔거라 생각했지만 그것이 착각과 환상이었음을 우리는 지난 세기 역사를 통해 배웠다. 거시적 파시즘의 제거를 우선순위로 여기면서 미시적 차원의 폭력을 등한시했던 이들에게 미시적 파시즘론은 우리가 상대를 해야하는 거대한 적들을 이롭게 하는 해당행위로 치부되곤 한다. 이러한 왜곡된 믿음이 코로나19 같은 거대한 적과 대면하는 시국 속에서 작동되면서 미시적 폭력을 암묵적으

---

21 코로나19 이후 20대 여성자살율에 대한 목회신학적 접근은 다음 논문을 참조하라. 김희선, 「코로나19 이후 20대 여성 자살률 증가에 대한 사회적 요인과 목회신학적 성찰」, 『신학연구』 78(2021, 6), 199-228.

로 동의하게 만들지 않았는지 반성할 부분이다.

본론으로 돌아와서 한국 사회의 20대 여성의 상황이 이렇다면, 경제적 빈곤층, 문화적 성적 소수자들, 인종적 약자들 그리고 이주 노동자들과 같은 법적인 지위가 취약한 사람들이 팬데믹의 위기를 어떻게 지나왔는지는 미루어 짐작할 수 있다. 물론 팬데믹은 코로나 바이러스가 직접적인 원인이지만 그것만으로 가능했던 것은 아니다. 바이러스의 출몰로 인해 우리는 그동안 알려 하지도 않았고 귀 기울이지 않았던 사회적 약자와 타자가 누구인지를 확인했다. 체제는 바이러스를 그들로 치환시켜 희생양으로 만들고 팬데믹으로 인한 사회의 균열을 막으려고 했던 것은 아닐는지. 그것이 미시적 파시즘을 정당화했던 것이고, 그렇다면 진정한 바이러스는 코로나19가 아니라 우리 사회에 번지고 있는 새로운 종류의 파시즘인 것이다.

4

팬데믹 기간이 길어지면서 신학자이자 기독교사회윤리학자인 내가 지녔던 화두는 팬데믹과 파시즘, 그리고 새로운 종교 공간에 대한 상상이었다. 코로나19의 도래와 맞물려 파시즘이 새롭게 등장하고 있는 상황 속에서 종교란 무엇이고, 변화하는 시대에 맞춰 우리는 새로운 종교 공간을 어떻게 상상할 수 있을까?

종교Religion의 어원은 라틴어 religio이다. religio의 어근에 대해서는 다른 두 가지 설이 있다. 하나는 religio를 religare(re+ligare: 묶다, 연결하다)로 보는 견해이다. 그렇다면 종교는 '다시 묶는다. 다시 연결, 연합한다'는 의미가 된다. 이승과 저승, 일상과 피안, 현실과 이상을 분리하지 않고 묶고 연결하고 일치시키는 것이 종교이다. 마르크스가 '종교는 아편이다'라고 했을 때 그것은 현실의 삶과 분리된 피안의 세상만을 바라는 종교의 부조리를 지적한 것이다. 그런 의미에서 유물론자들은 종교의 반대자가 아니라 오히려 종교의 본질을 꿰뚫고 있는 자들인지도 모르겠다. 지금껏 살아남은 고등종교들은 삶에서 발생하는 고난과 고통을 본인들의 경전에 비추어 의미를 묻고 해석하면서 세상으로 나갔던 종교들이다. 건강한 종교는 인간이 현실에서 고난을 대할 때 그것을 회피하지 않고 정면을 바라보도록 돕는다. 이러한 삶의 진실을 대면하는 종교인들은 서로 연대하면서 그 힘으로 미래를 소망한다.

'religio'의 또 다른 라틴어 어원은 're(다시) legele(읽다)', '다시 읽기'이다. 그러므로 진정한 종교인은 경전을 읽고 또 읽으면서 그것의 의미를 몸과 머리로, 그리고 삶으로 살아내야 한다. 그것이 생략된 채 발생하는 맹목적 신앙에서 비롯되는 과잉과 결핍이 바로 이단이다. 나는 '다시 읽기'가 의미와 언어로 환원되지 않는 종교적 진리를 찾아 떠나는 구도자의 태도를 잘 드러내는 말이라 생각하는데, 이는 해체주의 철학자 데리다가 구사하는 '차연'의 방법론과 조우한다. '차연'으로 번역된 'différance'는 'differ(다르다)'와 'defer(연기하다)'의 합성어이다.

차연은 현존도 아니고 부재도 아니다. 데리다에게서 차연이란 체제에 의해 강제되고 구성되는 보편성과 전체성에 틈과 여백을 창출하는 전략이다.[22] 이때의 틈과 여백은 의미와 이데올로기가 재현할 수 없는 공간이다. 후기 데리다로 넘어가면 차연은 유령론Hauntology으로 전환되어 현실 사회와 정치에 개입하는 전술로 사용된다.

5

유령론의 등장은 데리다의 후기 사상을 대표한다는 『마르크스의 유령들』(1993년) 출판 이후부터라 할 수 있다. 유령론은 존재론ontology를 대신하는 데리다의 텍스트 독법이다. '있음'을 둘러싼 존재론적 물음을 거슬러 올라가다보면 마지막에서 형이상학metaphysics적 난제와 만나게 된다. 형이상학은 물리적 세계physics 너머를 향하고, 존재론의 완성은 현상의 물리적 세계를 초월해야 다다를 수 있다는 말이다. 그곳은 말이나 의미로 대상을 재현할 수 없는 공간이다.

이 대목에서 데리다는 존재론을 유령론으로 교체한다. 데리다는 유령론적 순간이 "시간에 속하지도 않고, 시간을 부여하지도 않는"[23] 성질을 지닌다고 말한다. 본디 유령이란 살아있지만 죽은 것이고, 죽었지만 존재하는 것 아닌가. 이렇듯 유령은 말과 의미, 법과 제도로 구현

---

22 자크 데리다/김보현 편역, 『해체』(서울 문예출판사, 1996), 118-159.
23 자크 데리다/진태원 옮김, 『마르크스의 유령들』(서울 이제이북스, 2007), 14-15.

되지 않는 곳에 존재한다. 그래서 데리다는 유령을 '어그러진 존재'[24]라 불렀다. 어그러진 존재인 유령들이 완벽하게 정리된 상징계 속 균열을 상기시키고 그 틈을 통해 진실이 아직 밝혀지지 않았음을 경고하면서 진리가 도래할 것임을 예고한다. 이것이 유령론이 지니는 미덕이다.

　　무수한 타자와 약자들의 탄식과 신음들을 보편성의 외부로 추방하는 일을 막기 위해서는, 세상의 부조리를 교묘히 봉합하는 대문자 역사에 흠집을 내기 위해서는 부재하면서 존재하는, 그러다가 별안간 현실 세계로 귀환해 출몰하는 유령이 필요하다. 왜냐하면 유령적 사건과 주체들이 예고치 않게 게릴라적으로 등장해 난장을 벌이고 사라지고 난 후에 남은 흔적들로 인해 우리는 비로소 대타자의 음성에 속았다는 것을 알아차리기 때문이다. 유령론의 관점으로 종교를 이해하면, 종교는 현실을 지배하는 쾌락 원칙 너머에 존재하는 음성을 듣는 행위이거나, 혹은 실재를 떠도는 유령들의 그림자를 추적하는 행위이다.

　　나는 유령론의 메시지가 팬데믹 이후 종교 공간에서 작동되어야 한다고 본다. 종교적 공간은 현실의 쾌락보다는 현실이 누락한 잉여를 소환하는 곳이고, 법이 지운 죽음을 애도하는 공간이다. 또한 종교의 공간은 상징질서를 떠도는 유령들의 흔적을 찾아 배회하는 자리이고, 안타까운 사연을 듣고 읽어내면서 그들의 현전을 축복하는 제의의 장소다. 그렇다면 종교적 공간에서의 행위란 세계를 완벽하게 드러내고

24 앞의 책, 54.

해석하는 것이 아니라, 현실에 개입해 체제가 감추고 있는 틈과 균열을 내는 것! 그리하여 현실 자체가 'not-all'임을 드러내는 것이 아닐까 싶다.

다시 한번 강조하지만, 팬데믹은 결코 우발적으로 일어난 재난이 아니다. 팬데믹의 비극은 인류가 저지른 타자성의 상실로 인한 폐악이 어느 임계점에 이르러 돌아온 부메랑이다. 그러므로 단순히 공동체 문제를 상쇄할 희생양을 찾아 파시즘적 발상으로 그들에게 모든 책임과 잘못을 전가해 봉합하고 넘어가려 해서는 안 된다. 오히려 그 반대다. 우리 안에 있는 타자들, 우리 사회 안에 깊이 자리잡고 있는 소외와 차별과 배제의 대상들을 찾아 벽을 허물고 환대하는 공간을 마련해야 한다. 그것이 바로 코로나19시대를 통해 획득한 새로운 종교적 공간에 대한 전망이다. 코로나19는 체제와 권력이 감추고 있는 진실이 드러나는 곳이 종교적 공간이어야 함을 역설한다. 어쩌면 팬데믹을 거치면서 인류는 종교의 진면목을 확인할 수 있는 기회를 얻었다. 코로나를 계기로 이루어진 새로운 종교를 향한 상상이 우리 안에 있는 온갖 종류의 파시즘과 우상을 극복할 수 있는 힘과 용기로 작용하기를 소망한다.

감사의 말

코로나19 팬데믹이 휘몰아친 3년 동안(2020~2022년) 많은 일이 있었다. 개인적으로 존경하고 신학적으로 가르침과 영향을 많이 준 국내외 선생님들이 돌아가셨고, 내가 섬기고 있는 한백교우들도 코로나 기간 동안 네 분이나 하나님 품에 안겼다. 팬데믹 기간 동안 나는 죽음에 대해, 죽은 자와 이별하는 기술에 대해, 그리고 애도하는 법에 대해 알아갔다. 여기에 수록된 글들은 그것들 사이사이에서 쓰여졌다.

본서는 2020년도 한국연구재단 인문사회학술연구교수(B유형) 지원이 계기가 되어 시작되었다. 나는 〈코로나19 이후 사회 변동에 따른 종교 공간의 재구성: 한국개신교를 중심으로〉라는 제목으로 연구계획서를 제출했는데 그것이 선정되면서 글쓰기의 연쇄가 진행되었다. 혼자 책을 읽고 자료를 찾아가면서 프로젝트를 감당할 수는 없었다. 연구 기간 동안 필자가 원장으로 있는 '크리스챤아카데미'와 'NCCK 신학위원회'가 공동으로 주최한 〈코로나19 이후 한국사회와 교회 연속토론회 (8차)〉를 주관했다. 2년 가까이 진행된 양 기관의 공동작업이 글쓰는 동력과 자극으로 작용했다. 그 성과를 바탕으로 '한국교회 코로나19 교회고백문서'를 동료 신학자들과 함께 작성했고, 이 문서는 제71차 NCCK 정기총회(2022. 11. 21)에서 '코로나19 팬데믹 경험을 통해서 본 교회와 사회의 현재와 미래'라는 공식 문서로 채택되었다.

나는 같은 기간 동안 『기독교사회윤리』(제49집, 2021. 4), 『신학사상』(제194집, 2021. 9), 『신학과 사회』(제35집 2호, 2021. 5), 『신학연구』(제83집, 2023. 12)에 '코로나19 이후 사회 변동에 따른 종교 공간의 재구성' 관련 논문을 4편 게재했다. 이 책에 실린 원고는 네 군데 학술지에 송고한 투고문을 바탕으로 하지만 상당부분 수정, 보완, 편집된 내용들이다. 애초 글이 쓰여진 시점과 달라진 사실도 있고, 당시 생각과 차이 나는 부분도 있어서 대대적 손질이 불가피했다.

본 단행본의 의미를 꼽자면 지난 몇 년간 붙잡고 있던 코로나19 시대에 대한 종합적 진단을 팬데믹이 종결된 시점에서 차분히 정리할 수 있었다는 점이다. 연극이 끝나고 난 뒤 텅 빈 객석에 앉아 그동안의 과정을 하나씩 복기하는 느낌이랄까. 하지만 또 다른 감염병이 언제 다시 도래할지 모른다. 그때마다 우리는 유사한 혼란과 어려움을 겪을 수도 있다. 그때마다 혐오와 배제 메커니즘이 다시 작동되고, 그에 맞춰 '종교는 지금 무엇을 하고 있는가'라는 물음과 반성이 반복될 것이다. 여기에 수록된 글들이 그때를 대비하는 예방주사 역할을 하면 좋겠다. 연

구와 작업하는 과정에서 함께한 동료학자들 그리고 특별한 지원을 해
준 한국연구재단과 크리스찬아카데미에 깊이 감사드린다.

■ 참고문헌

강성영, 「코로나19 이후 문명과 사회의 생태적 전환과 신학의 과제」, 『세계와 선교』, 234(2020. 12.), 31-48.

강성영, 「본회퍼의 '타자의 윤리'의 신학적 토대와 오늘의 의미」, 『신학연구』, 76(2020. 6.),101-122.

강영안, 『타인의 얼굴_레비나스의 철학』. 서울 문학과 지성사, 2005.

게오르그 빌헬름 프리드리히 헤겔/박배형 주해, 『헤겔과 시민사회_법철학 시민사회장 해석』. 서울 서울대학교출판문화원, 2017.

국승민, 「미국 내 아시안 혐오 한국 내 중국인 혐오」, 『시사in』, vol. 707 (2021. 4.), 58-60.

길희성, 『신앙과 이성사이에서』. 서울 세창출판사, 2015.

김진호, 『권력과 교회』. 파주 창비, 2018.

김창락 외, 『성서를 읽는 11가지 방법』. 서울 생활성서, 2001.

김희선, 「코로나19 이후 20대 여성 자살률 증가에 대한 사회적 요인과 목회신학적 성찰」, 『신학연구』, 78(202 1. 6.), 199-228.

데이비드 보쉬/김병길, 장훈태 옮김, 『변화하고 있는 선교』. 서울 기독교문서선교회, 2000.

도널드 노우드/한강회 옮김, 『신앙의 순례: 세계교회협의회의 역사와 주제』. 서울 대한기독 교서회, 2021.

본회퍼/손규태. 정지련 옮김, 『저항과 복종』. 서울 대한기독교서회, 2010.

_____/유석성. 이신건 옮김, 『성도의 교재』. 서울 대한기독교서회, 2010.

_____/손규태 외 옮김, 『윤리학』. 서울 대한기독교서회, 2010.

라인홀드 니버/이한우 옮김, 『도덕적 인간과 비도덕적 사회』. 서울 문예출판사, 2004.

마리 안느 레스쿠레/변광배. 김모세 옮김, 『레비나스 평전』. 파주 살림, 2006.

마셜 맥루언/김성기 외 옮김, 『미디어의 이해』. 서울 민음사, 2002

막스 베버/전성우 옮김, 『직업으로서의 학문』. 서울 나남출판, 2013.

세계교회협의회/WCC 제10차 총회 한국준비위원회 옮김.『함께 생명을 향하여: 기독교 지형 변화 속에서 선교와 전도 WCC 10차 총회 자료모음』. 서울 한국기독교교회협의회, 2013.

슬라보예 지젝/강우성 옮김, 『팬데믹 패닉』. 서울 북하우스, 2020.

슬라보예 지젝/이현우 외 옮김, 『폭력이란 무엇인가』. 서울 난장이, 2011.

안희경, 『오늘부터의 세계_세계 석학 7인에게 코로나 이후 인류의 미래를 묻다』. 서울 미디어리서치 2020.

알랭 바디우/현성환 옮김, 『사도 바울』. 서울 새물결, 2008.

앙리 르페브르/양영란 옮김, 『공간의 생산』. 서울 에코리브르, 2011.

레비나스/강영안 옮김, 『시간과 타자』. 서울 문예출판사, 1996.

레비나스/김도형 외 옮김, 『전체성과 무한』. 서울 그린비, 2018.

에밀 뒤르켐/윤병철 외 옮김.『사회학적 방법의 규칙들』. 서울 새물결,2019

에버하르트 베트게/김순현 옮김, 『본회퍼』. 서울 복있는 사람, 2014.

이상철 외, 『코로나19와 한국교회의 사회인식』. 서울 대한기독교서회, 2021.

이상철, 『탈경계의 신학』. 동연, 2012.

이상철, 「코로나 이후, 종교의 길을 묻다」,『카톨릭 평론』, 제27호. 서울 우리신학연구소, 2020, 11-30.

임마누엘 칸트/백종현 옮김, 『실천이성비판』. 파주 아카넷, 2019.

자크 데리다/남수인 옮김, 『환대에 대하여』. 서울 동문선, 2004.

자크 데리다/김보현 편역, 『해체』. 서울 문예출판사, 1996.

장 자크 루소/최석기 옮김, 『인간불평등기원론/사회계약론』. 서울 동서문화사, 2007.

조르조 아감벤/박진우 옮김, 『호모사케르: 주권 권력과 벌거벗은 생명』. 서울 새물결, 2008.

존 로크/강정인 외 옮김, 『통치론』. 서울 까치, 1996.

채수일, 『에큐메니칼 선교신학』. 오산 한신대출판부, 2002.

천관율, 「코로나19는 한국을 어떻게 바꾸어 놓았나?」, 『시사in』, vol. 663(2020. 6. 2), 20-21

카렌 암스트롱/정영목 옮김, 『축의 시대 종교의 탄생과 철학의 시작』. 서울 교양인, 2010.

칼 마르크스 & 프리드리히 엥겔스/최인호 옮김, 『칼 맑스프리드리히 엥겔스 저작선집 1』. 서울 박종철출판사, 1991-2001.

케네스 R. 로스 외/한국에큐메니컬학회 옮김. 『에큐메니컬 선교학』. 서울 대한기독교서회, 2018.

테레사 베르거/안선희 옮김, 『예배, 디지털 세상을 만나다』. 서울 기독교문서선교회, 2020.

테로도르 아도르노/홍승용 옮김, 『프리즘 — 문화비평과 사회』. 서울 문학동네, 2004.

테오 순더마이어/채수일 옮김, 『선교신학의 유형과 과제』. 서울 대한기독교서회, 1999.

토마스 홉스/최공웅 외 옮김, 『리바이어던』. 서울 동서문화사, 2016.

한국기독교사회문제연구원, 『2020 한국사회 주요 현안에 대한 개신교인 인식조사 결과 보고서』. 미발간 지앤컴리서치, 2020.

한국기독교사회문제연구원, 『2019 주요사회현안에 대한 개신교인 인식조사 통계자료집』. 서울 대한기독교서회, 2020.

한국기독교사회문제연구원 편, 『한국교회 100년 종합조사연구 보고서』. 한국기독교사회문제 연구원, 1982.

한국기독교교회협의회 신학위원회, 크리스챤아카데미 공동기획/공동편집, 『바이러스, 팬데믹 그리고 교회』. 서울 대화출판사, 2022.

한국기독교장로회총회, 『제108회 기장총회 주제해설집 영과 진리로 예배하는 생명. 평화. 선교공동체』. 서울 한국기독교장로회총회, 2023.

한국기독교장로회총회, 『제102회 총회 국내선교 자료집』. 서울 한국기독교장로회총회, 2017.

한국기독교교회협의회 신학위원회, 크리스챤아카데미 공동기획/공동편집, 『바이러스, 팬데믹 그리고 교회』. 서울 여해와 함께, 2022.

호르스트 게오르그 펠만, 「급진적 제자직 본회퍼」, 『신학사상』 91(1995. 12), 21-27.

Benjamin, Walter Benjamin. Illuminations. New York Schocken Books, 1968.

Bonhoeffer, Dietrich. Letters & Papers From Prison, New York Macmillan Publishing Co, 1972.

Caputo, John D. On Religion. New York Routledge, 2001.

Derrida, Jacues. Adieu To Emmanuel Levinas, translated by Pascale_Anne Brault and Michael Naas, California Stanford University of Press, 1999.

. Acts of Religion, New York Routledge, 2002.

. Questioning Ethics Contemporary Debates in Philosophy, New York Routledge, 1998.

. Positions, translated and annotated by Alan Bass, Chicago The University of Chicago Press, 1981.

. No Rusty Swords Letter, Lectures and Notes, 1928-1936, Collected Works of Dietrich Bonhoeffer, Vol. 1. Harper & Row, 1965.

Heidegger, Martin. Being and Time, translated by John Macquarrie & Edward Robinson. London SCM Press Ltd., 1962.

Jennings Jr, Theodore W. Outlaw Justice The Messianic Politics of Paul. California Stanford University Press, 2013.

Levinas, Emmanuel. Ethics and Infinity(Pittsburgh Duqusne Univerisy Press,1985),

Levinas, Emmanuel. Time and The Other, translated by Richard A. Cohen. Pittsburgh Duqusne University Press, 1987.

Levinas, Emmanuel. God, Death, and Time, translated by Dettina Bergo. CA Stanford University Press, 2000.

Levinas, Emmanuel. Totality and Infinity An Essay on Exteriority, translated by Alphoso Lingis Dettina Bergo. Pittsburgh Duqusne University Press,1987.

Levinas, Emmanuel. Otherwise than Being or Beyond Essence, translated by Alphoso Lingis Dettina Bergo. Pittsburgh Duqusne University Press,1998.

Levinas, Emmanuel. Levinas Leader, Edited by Sean Hand. MA Blackwell, 1989.

Ruether, Rosemary Radford, "The Holocaust Theological and Ethical Reflection", in The Twentieth Century: A Theological Overview. Edited Gregory Baum. New York Orbis Books, 1999, 76-91.

Jennings Jr, Theodore W. Outlaw Justice The Messianic Politics of Paul. California Stanford University Press, 2013.

〈인터넷 기사인용〉

김진호, 『경향신문』(2020. 3. 27), 「우리사회와 신천지, 적대적 공생관계」. https//www.khan.co.kr/opinion/column/article/202003272049015/?utm_campa -ign=list_click&utm_source=reporter_article&utm_medium=re- ferral&utm_content=%EA%B9%80%EC%A7%84%ED%98%B8%EA%B8% B0%EC%9E%90%ED%8E% 98%EC%9D%B4%EC%A7%80

이세영, 『조선일보』(2021. 3. 30), 「맨해튼 거리서 짓밟힌 아시아 여성. ······ 보안요 원은 문을 닫았다」. https//www.chosun.com/international/in ternatio- nalgeneral/2021/03/30/4EN5KUFXSVDOLBGDYUI3JJKDIE/ https//stopaapihate.org/aapi-women-and-girls-report/

김지원, UPI 뉴스(2020. 04. 14), 「현장 예배 언제 재개하나 ······ 교회 고심 깊어 져」. http//www.upinews.kr/newsView/upi202004140109

김지훈, 『한겨레신문』(2018. 08. 30), 「노신학자의 예언, 기독교 없는 사회 올 것」. http//www.hani.co.kr/arti/culture/book/860032.html.

도재기, 『경향신문』(2010. 02. 27), 「주일예배 중단, 개신교인 71%가 찬성, '한목협' 등 여론조사 결과」. http//news.khan.co.kr/kh_news/khan_art_view. html?ar-tid=202002271755001&code=960100

이범진, 『복음과 상황』(2019. 09. 20), 「종교적 기독교의 끝에서 시작되는 기독교 이후의 신학」. http//m.goscon.co.kr/news/articleView.html?idx no=30405.

최경배, CBS노컷뉴스(2020. 04. 10), 「코로나19 사태 개신교인들의 인식 변화」. https//www.nocutnews.co.kr/news/5325917.

Yuval Noah Harari, Financial Times(2020. 03. 20), "The world after corona-virus." https//www.ft.com/content/19d90308-6858-11ea-a3c9-1fe6fedc-ca75

국승인, 「미국내 아시안 혐오 한국 내 중국인 혐오」, 『시사in』(2021. 4. 10. 707호). https//www.sisain.co.kr/news/articleView.html?idxno=442 61.

이상철, 「코로나 이후, 종교의 길을 묻다」, 『카톨릭 평론』 27」(2021. 8). http//wt-i.or.kr/catholic_review/788

임재우, 「조용한 학살, 20대 여성들은 왜 점점 더 많이 목숨을 끊나」, 『한겨레신문』(2020. 11. 13). https//www.hani.co.kr/arti/society/society_general/9698-98.html.

김종현, 「무엇이 20대 여성을 절박하게 하나 …… 급증하는 극단선택」, 『연합뉴스』

(2021.10.1.). https//www.yna.co.kr/view/AKR202109301616-00002.

「코로나19 이후 20대 여성 자살률 증가, 경제적 어려움이 1위」, YTN라디오 이슈&
    피플(2022. 4. 14). https//www.youtube.com/watch?app=desktop&v=HR-
    7HcuDG4-4.

제11차 WCC 총회(카를수르) 주제해설. https//www.oikoumene.org/resources/
    publications/christs-love-moves-the-world-to-reconcilia-
    tion-and-unity-a-reflection-on-the-theme-of-the-11th-assembly-
    of-the-world-council-of-churches-karlsruhe-2022.

■ 〈표〉출전

표2) 한국기독교사회문제연구원, 『2019 주요사회현안에 대한 개신교인 인식조사 통계자료집』(서울: 대한기독교서회, 2020), 242.

표3) 기독교사회문제연구원, 기독교사상, 크리스찬아카데미가 공동으로 "2020년 주요 사회현안에 대한 개신교인 인식조사"를 실시하였다. 프로젝트에 대한 중간발표 성격의 기획기사가 2020년 기독교사상 10월호에 "특집 코로나19와 한국 사회"라는 제목으로 게재되었다. 코로나 19 이후 교회가 강화해야 할 사항은 2020년 기독교사상 10월호(통권 742호) 54쪽 실려있다.

표4) 한국기독교사회문제연구원, 『2020 한국사회 주요 현안에 대한 개신교인 인식조사결과 보고서』(미발간: 지앤컴리서치, 2020), 24; 한국기독교사회문제연구원 홈페이지(http://jpic.org/)-〉survey-〉「2020주요사회현안에대한 개신교인의 인식조사통계분석자료집」를 참조하라.

표5) 앞의 책, 10.

표6) 앞의 책, 122.

표7) 앞의 책, 20.

표8) 앞의 책, 24.

표10) 앞의 책, 150.

■ 저자소개_**이상철**

한신대에서 신학수업을 받았다. 이후 미국의 멕코믹 신학대학원 석사를 거쳐 시카고 신학대학원에서 '레비나스의 타자의 윤리'로 박사학위를 취득했다. 현재 크리스찬아카데미 원장, 한백교회(기장) 담임목사, 한신대 신학과 겸임교수로 활동하는 N잡러 인문/신학자이다. 대중문화와 사회현상에 드러난 당대의 문화적·윤리적 이슈를 해명하는 작업에 관심이 크고, 시시각각 새로운 형태로 변모하는 자본의 패권적 질서에 맞서 신학적·윤리적으로 제동을 거는 것이 신학함의 중요한 이유라고 생각한다. 앞으로 어떻게 변모할지는 모르겠으나 지금까지는 주로 레비나스의 타자론, 데리다의 해체론, 지젝의 실재론에 기대어 글을 써왔다. 근래에는 '포스트휴먼시대, 이타성에 바탕한 신학적 인간학, 혹은 윤리학'이라는 주제에 꽂혀 있다. 신학적으로 영향을 준 인물을 꼽으라면 강원용과 안병무, 본회퍼와 테드 제닝스라고 서슴없이 말한다. 제11차 WCC 칼스루에 총회(2022년) 한국준비위원회 위원으로 활동했고, '교회 고백 문서 한국교회 코로나 문서'(NCCK, 2022년), '한국기독교장로회 제7문서'(2023) 집필위원으로 참여했다. 저서로는 단행본으로『죽은 신의 인문학』과『탈경계의 신학』이 있고,『전쟁 넘어 평화 탈냉전의 신학적 인문학』,『바이러스, 팬데믹, 그리고 교회』,『인간 너머의 인간』,『아픔 넘어 고통의 인문학』,『코로나19와 한국교회의 사회인식』,『한국 기독교의 보수화, 어느 지점에 있나』,『민중신학, 고통의 시대를 읽다』,『십계에 대한 인문학적 고찰』등 10여 권의 공저와 다수의 논문이 있다.